STARK

TRAINING 2017
Abschlussprüfung
Lösungen

Deutsch

Realschule
Niedersachsen
2016

STARK

© 2016 Stark Verlagsgesellschaft mbH & Co. KG
12. ergänzte Auflage
www.stark-verlag.de

Das Werk und alle seine Bestandteile sind urheberrechtlich geschützt. Jede vollständige oder teilweise Vervielfältigung, Verbreitung und Veröffentlichung bedarf der ausdrücklichen Genehmigung des Verlages.

Inhalt

Vorwort

Lösungen A: Die Abschlussprüfung – Training und Tipps

Lesekompetenz (Übung 1 – 19)	1
Schreibkompetenz (Übung 20 – 44)	18
Kompetenz Sprachwissen und Sprachbewusstsein (Übung 45 – 58)	58
Kompetenz Hörverstehen (Übung 59 – 60)	66

Lösungen B: Übungsaufgaben im Stil der Abschlussprüfung

Übungsaufgabe 1: „Urban Gardening – Gärtnern in der Stadt"

Hörverstehen	69
Basisteil	70
Wahlteil	72

Übungsaufgabe 2: „Roboter"

Hörverstehen	77
Basisteil	78
Wahlteil	80

Lösungen C: Original-Prüfungsaufgabe – Deutsch 2016

Thema: „Lebensentwürfe"

Hörverstehen	2016-1
Basisteil	2016-3
Wahlteil: A Gedichtempfehlung	2016-6
B Leserbrief	2016-10

Jeweils zu Beginn des neuen Schuljahres erscheinen der aktuelle Band „Training Abschlussprüfung" und das zugehörige Lösungsbuch.

Autoren: Marion von der Kammer (Lösungen zu Teil A und Teil B)
Frank Stöber (Lösungen zur Original-Prüfungsaufgabe 2016)

Vorwort

Liebe Schülerin, lieber Schüler,

dieses Buch ist das Lösungsheft zum Band „**Training Abschlussprüfung Deutsch Realschule Niedersachsen**" im A4-Format (Best.-Nr. 31540 und 31540ML). Es enthält ausführliche und kommentierte Lösungen zu allen Übungen im Trainingsteil, zu den Übungsaufgaben im Stil der Abschlussprüfung sowie zur Original-Prüfungsaufgabe des Jahres 2016.

Die Lösungen ermöglichen es dir, deine Leistung einzuschätzen. Es handelt sich um **Lösungsvorschläge**, die dir zeigen, wie man die Aufgaben richtig und umfassend beantworten kann. Das heißt, dass – außer bei den geschlossenen Aufgaben – auch andere Lösungen als die hier abgedruckten möglich sind. Die Lösungen zu den Schreibaufgaben sind manchmal recht ausführlich und geben dir Anregungen, was du alles schreiben könntest. Das heißt nicht, dass deine Antworten auch immer so lang sein müssen. Wichtig ist, dass du die Hinweise beachtest, die in der Aufgabenstellung genannt sind, und alles **vollständig** und **richtig** bearbeitest.

Außerdem gilt: Versuche stets, die Aufgabe zunächst **selbstständig** zu lösen, und sieh nicht gleich in der Lösung nach. Solltest du nicht weiterkommen, helfen dir die grau markierten ✏ **Hinweise und Tipps**, die du in der Regel im Anschluss an die Lösungen findest. Wenn du sie gelesen hast, solltest du unbedingt selbstständig weiterarbeiten. Vergleiche erst ganz am Schluss die hier angebotene Lösung mit deinen eigenen Ergebnissen und korrigiere oder ergänze diese gegebenenfalls. Lies zu allen Aufgaben, die du nicht richtig lösen konntest oder bei denen du dir unsicher warst, noch einmal die allgemeinen Erläuterungen in dem entsprechenden Kapitel im A4-Trainingsband.

Sollten nach Erscheinen dieses Bandes vom Kultusministerium noch wichtige Änderungen für die Abschlussprüfung 2017 bekannt gegeben werden, findest du aktuelle Informationen dazu im Internet unter:
www.stark-verlag.de/pruefung-aktuell

Viel Erfolg bei der Abschlussprüfung wünscht dir das Autorenteam!

▶ **Lösungen A**
Die Abschlussprüfung –
Training und Tipps

A Die Abschlussprüfung – Training und Tipps

Ü 1: „Ruhelos im Großraumbüro" – Den Leseprozess steuern

1. **Textsorte:** Sachtext (oder einfach: Text)
   Thema: Geräusche in Großraumbüros (oder: Lärm in Großraumbüros)
   Dargestellter Sachverhalt: Ergebnisse einer Studie zu Auswirkungen von Lärmschutzmaßnahmen
   Absicht des Verfassers: informieren

2. **Schlüsselwörter:** Großraumbüro, Störungen, Geräusche, Lärm, Gespräche
   Kernaussage: Lärmschutzmaßnahmen erhöhen für die Angestellten die Belästigung durch Geräusche, weil sie so die Gespräche zwischen Kollegen deutlicher wahrnehmen.
   Anzahl der Sinnabschnitte: 3
   Unterthemen:
   Abschnitt 1 (Z. 1–5): Vorabinformation über die wesentlichen Textinhalte
   Abschnitt 2 (Z. 6–18): Ergebnisse einer Studie zur Belästigung von Büroangestellten durch Geräusche
   Abschnitt 3 (Z. 19–28): Anordnungen von Büroräumen und deren Beliebtheit/Akzeptanz
   Allgemeine Aussagen:
   „In modernen Großraumbüros ist Lärmschutz angesagt." (Z. 1 f.)
   „70 Prozent aller befragten Büroangestellten sind ‚oft bis immer' durch Geräusche und Gespräche abgelenkt." (Z. 6–8)
   „Am wenigsten geschätzt werden trendige ‚Multi-Space-Büros' mit einer Aufteilung in Zonen […]." (Z. 19–21)
   „Beliebt ist […] das klassische Kombi-Büro […]." (Z. 25 f.)
   Beispiele:
   „Dabei wird eine Unterhaltung von Kollegen störender empfunden als mechanischer Lärm." (Z. 10–12)
   „Besonders gravierend ist die Situation in modernen Großraumbüros." (Z. 12–14)
   „Stimmen treten noch deutlicher hervor." (Z. 18)

3. **mechanischer Lärm:** Lärm durch Maschinen oder Geräte
   Multi-Space-Büro: ein Büro mit verschiedenen Funktionszonen
   Nomadisieren: unstetes Hin- und Herlaufen
   Kombi-Büro: Büro mit abgetrennten Räumen für verschiedene Funktionen
   Kommunikationszone: Zone, in der Kollegen Gespräche führen können

Ü 2: „O Sohle mio!" – Geschlossene Aufgaben lösen

1. Multiple-Choice-Aufgaben
   a) [X] Durch meine Schuhe hebe ich mich von der Masse meiner Mitmenschen ab.

   Hinweis: Es heißt, der Schuh sei jahrzehntelang „Symbol von Rebellion und Ausdruck von Individualität" (Z. 23 f.) gewesen. Rebellion liegt vor, wenn man sich gegen etwas auflehnt, das allgemein üblich ist; Individualität liegt vor, wenn ein Mensch seine ganz besonderen Eigenheiten pflegt und sich dadurch von der Masse abhebt.

   b) In erster Linie will der Verfasser …

   [X] den Leser über ein Modephänomen informieren.

   Hinweis: Der Text ist zwar auch unterhaltsam geschrieben, doch die Unterhaltungsfunktion ist nachrangig. Vor allem will der Verfasser den Leser informieren.

2. Richtig-/Falsch-Aufgabe

	trifft zu	trifft nicht zu
a) Früher wurden Chucks vor allem von Außenseitern getragen.	X	
b) Heute werden Chucks von vielen Menschen getragen.	X	
c) Chucks werden besonders von Sportlern bevorzugt, die ihre Knöchel schonen wollen.		X
d) Wer Chucks trägt, hat keine Hemmungen, mit anderen ins Gespräch zu kommen.		X
e) Ältere Leute, die Chucks tragen, wirken dadurch oft jünger.	X	

   Hinweis: a) Z. 118–120, b) Z. 52–59, c) Zwar war das Schonen der Knöchel in den 20er-Jahren ein Gedanke, um die Chucks zu verbessern. Der Text sagt aber aus, dass man sie heute aus modischen Gründen trägt. d) Dass das Tragen von Chucks Einfluss auf das Verhalten des Trägers hat, wird im Text nicht gesagt. e) Z. 43–47

3. Geschlossene Fragen
   a) Marquis Converse
      Hinweis: Z. 71 f.
   b) 1908
      Hinweis: Z. 71
   c) Mit dem Sieg der amerikanischen Basketballmannschaft bei den Olympischen Spielen 1936.
      Hinweis: Z. 83–86

A Die Abschlussprüfung – Training und Tipps

4. Umordnungsaufgabe

Nummer	Aussage
6	a) Eine Musikband machte die Chucks in letzter Zeit von Neuem populär.
7	b) Chucks sind heute Schuhe für jedermann.
5	c) In Filmen wurden Chucks von Außenseitern und rebellischen Helden getragen.
3	d) Die amerikanische Basketballmannschaft gewann in Chucks erstmalig olympisches Gold.
4	e) Rock'n'Roll-Sänger trugen Chucks auf der Bühne.
2	f) Der Basketballspieler Charles „Chuck" Taylor setzte bei der Herstellerfirma Verbesserungsvorschläge durch.
1	g) Marquis Converse gründete die „Converse Rubber Shoe Company" in Massachusetts.

✏ **Hinweis:** a) Z. 32 f., b) Z. 27 f., c) Z. 118–120, d) Z. 83–86, e) Z. 89–94, f) Z. 75–79, g) Z. 71–73

5. Zuordnungsaufgabe

Buchstabe	Aussage
I	a) Sie trug Chucks einmal zu einem Hosenanzug.
E	b) Er trägt Chucks immer freitags.
H	c) Sie tragen Chucks in der Farbe Schwarz.
D	d) Sie haben das aktuelle Comeback der Chucks eingeleitet.
F	e) Er trug Chucks in einem Film.
A	f) Sie dekorierten ihre Chucks mit dem Peace-Zeichen.
C	g) Sie wirken durch Chucks direkt noch etwas jungenhaft.
B	h) Sie tragen Chucks aus Gründen des Understatements.

✏ **Hinweis:** a) Z. 66–69, b) Z. 1–6, c) Z. 106–108, d) Z. 32 f., e) Z. 59–61, f) Z. 103 f., g) Z. 43–45, h) Z. 38–41

Ü 3: „O Sohle mio!" – Halboffene Aufgaben lösen

1. Textstellen deuten
   a) Es geht um das Image der Chucks: Eigentlich hatten Chucks immer den Ruf, Ausdruck einer rebellischen Haltung des Trägers zu sein, und inzwischen sind sie zum Modeartikel für jedermann geworden.
      Hinweis: Z. 22–28
   b) Harry Potter ist als Kinoheld in den Augen der Zuschauer ein beliebter Star. Dass er Chucks trägt, passt nicht zum Rebellen-Image der Schuhe.
   c) Chucks sind nicht mehr Ausdruck einer rebellischen Haltung, sondern ein Modeartikel, bei dem es auch auf die passende Farbe ankommt.
   d) „O Sohle mio" bedeutet zum einen: „O meine Sohle", also „O mein Schuh, der Chuck". Zum anderen bedeutet es: „Meine Sonne".
      Hinweis: Die Bedeutung „Meine Sonne" spielt auf einen italienischen Schlager an. Die „Sonne" kann für etwas stehen, das besonders schön, besonders wichtig oder dauerhaft vorhanden ist. Diese Eigenschaften werden durch die Überschrift auch auf die Chucks übertragen.

2. Offene Fragen beantworten
   a) Zum ersten richtigen Erfolg der Chucks kam es dadurch, dass ein berühmter Basketballspieler Verbesserungsvorschläge für die Gestaltung der Schuhe machte. Als in der Folge die amerikanische Basketballmannschaft olympisches Gold erlangte, war das der Durchbruch für die Chucks. Anschließend wurden sie auch von berühmten Musikern auf der Bühne getragen, z. B. von Elvis Presley.
   b) Die Chucks sind inzwischen zu einem allgemein üblichen Modeartikel für alle Bevölkerungsschichten geworden. Dadurch haben sie ihr ursprüngliches Image verloren, denn sie galten früher als Kleidungsstück, mit dem rebellische Außenseiter ihre Haltung anzeigten.
   c) Die Firma möchte erreichen, dass das ursprüngliche Image der Chucks nicht ganz verloren geht. Deshalb hat die Firma eine große Werbekampagne veranlasst, die dafür sorgen soll, dass der Ruf der Schuhe erhalten bleibt. Geworben wird mit Bildern von Helden, die früher einmal als Außenseiter und Rebellen galten.

A Die Abschlussprüfung – Training und Tipps

3. Eine Aussage zum Text bewerten
   Genau genommen stimmt es natürlich, dass der Schulleiter sich bei den Schülern beliebt machen will, indem er ihre Art von Schuhen trägt. Andererseits versucht er auf diese Weise auch, ihnen zu zeigen, dass die Kluft zwischen ihm, dem Schulleiter, und ihnen, den Schülern, gar nicht so groß ist, wie sie vielleicht denken. So will er versuchen, sich ihnen zu nähern. Er sagt ja auch, das würde ihnen „die Hemmungen" (Z. 12 f.) nehmen, mit ihm zu reden. Wenn Sven meint, der Schulleiter wolle sich mit dem Tragen von Chucks nur „anbiedern", dann finde ich diese Einstellung übertrieben negativ.

4. Eine grafische Darstellung beurteilen
   Ich finde, dass es Dana recht gut gelungen ist, die Aussagen des Textes in einer Schemazeichnung darzustellen. Sie zeigt klar und übersichtlich, wie es zu dem heutigen „Dilemma" um die Chucks gekommen ist: Früher wurden Chucks nur von Außenseitern und Rebellen getragen. Daraufhin erhielten sie das Image, sie seien Schuhe für Rebellen und Außenseiter, zumindest für Menschen, die sich als etwas ganz Besonderes ansehen, eben als Individuen. Im Laufe der Zeit trugen immer mehr Menschen diese Sportschuhe. Jetzt stellt sich die Frage: Was sagt es aus, dass diese Schuhe zum „Massenkult" geworden sind? Ist das ein Zeichen der Demokratisierung – oder ein Zeichen für den Verlust des Rebellen-Images?

   Hinweis: Du kannst auch zu einem anderen Urteil über die Grafik gelangen. Wesentlich ist, dass du deine Entscheidung gut begründest.

Ü 4: Die Absicht des Verfassers erkennen

	Absicht des Verfassers
Text A	appellierender Text
Text B	kommentierender Text
Text C	instruierender Text
Text D	informierender Text

Hinweis: Text A ist ein Werbetext des Autoherstellers mit dem Ziel, die Kunden zum Kauf zu veranlassen. Text B kommentiert Möglichkeiten und Schwächen von Elektroautos. Text C gibt Ratschläge für kraftstoffsparendes Fahren, und Text D berichtet sachlich über die Ergebnisse einer Umfrage zu Elektro-Mobilität.

Ü 5: Artikel über Bushido – Textsorten unterscheiden

Text A
Textsorte: Reportage
Merkmale: Die Darstellung wirkt wie eine „Nahaufnahme", sie ist so anschaulich, als wäre der Verfasser direkt vor Ort; Tempus: Präsens
Textbelege:
„Die Kamera zeigt die Fernsehbilder, dann die fassungslosen Gesichter von Anis und seiner Mutter." (Z. 9–11)
„Und in einer der ersten Berliner Nachmittagsvorstellungen […] klatschen Hunderte von Zehn- bis Fünfzehnjährigen unter Trainingsjackenkapuzen Beifall." (Z. 35–40)
Hinweis: Jeweils anschauliche Darstellung im Präsens.

Text B
Textsorte: Interview
Merkmale: Befragung einer Person durch Journalisten; Verwendung von Umgangssprache
Textbelege:
„‚Bushido, fangen wir mal locker an. Du ziehst gerade um …' – ‚… nee, erst in ein paar Tagen.' " (Z. 1 f.)
„Klingt ziemlich spießig, privat bin ich auch ein Spießer. Die Nachbarn müssen keine Angst haben, dass meine Beats das Viertel beschallen." (Z. 3–5)
Hinweis: Dialog in umgangssprachlicher Darstellung.

Text C
Textsorte: Bericht
Merkmale: Darstellung sachlich, nennt Fakten, die sich zugetragen haben; Tempus: Präteritum
Textbelege:
„Das Landgericht Hamburg entschied, dass der 31-Jährige der Gruppe Dark Sanctuary mindestens 63 000 Euro schuldet, weil er sie als Urheber unterschlug." (Z. 5–9)
„Die Richter sahen es als erwiesen an, dass die Segmente sich in 13 Bushido-Titeln wiedererkennen lassen." (Z. 19–21)
Hinweis: Jeweils Darstellung von Fakten im Präteritum.

Text D
Textsorte: Kommentar
Merkmale: Meinungsäußerung des Verfassers zu einem Thema; Tempus: überwiegend Präsens
Textbelege:
„Denn würde man das aktuelle Urteil einfach mal so auf sämtliche Rap-Releases der letzten 30 Jahre ummünzen, müssten mit Sicherheit über 80 % der Tonträger eingestampft werden." (Z. 29–33)
„Da wird schnell plump und vereinfachend von Klau, Plagiat und Kopie gesprochen und geschrieben." (Z. 43–45)
Hinweis: Jeweils Äußerung von subjektiver Kritik im Präsens.

Ü 6: „Generationenbarometer 2009" – Nichtlineare Texte lesen: Tabellen

1. a) Es geht um die Frage, ob sich die Beziehung zwischen Kindern und Eltern im Laufe der Zeit verändert hat.
   b) in Prozent
   c) aus einer Umfrage
   d) Personen aus Deutschland ab einem Alter von 16 Jahren
   e) im Februar/März 2009
   f) das Institut für Demoskopie Allensbach

2. Aussagen

	trifft zu	trifft nicht zu
a) Je jünger die Befragten sind, umso positiver blicken sie auf ihre Kindheit zurück.	X	
b) Die heutigen Eltern interessieren sich mehr für ihre Kinder als die Eltern früher.		X
c) Die heutigen Jugendlichen zeigen gegenüber ihren Eltern mehr Dankbarkeit als die Erwachsenen.		X
d) Früher bekamen Kinder weniger Aufmerksamkeit von ihren Eltern als heute.	X	

   Hinweis: Die Aussagen b) und c) lassen sich nicht aus der Tabelle ablesen.

3. [X] Die heutigen Jugendlichen und jungen Erwachsenen sind materiell verwöhnt.

4. Zuordnungsaufgabe

Buchstabe	Aussage
D	Jeder Fünfte gab an, die Eltern hätten seine Interessen stark gefördert.
/	Jeder Zehnte erinnerte sich daran, dass er als Kind vieles selbst entscheiden durfte.
A	Fast zwei Drittel gaben an, ihre Eltern hätten respektiert, dass sie ihre eigenen Bereiche gehabt hätten.
C	Gut jeder Vierte sagte, seine Eltern hätten ihm viel geboten.
B	Knapp die Hälfte der Befragten hat seine Eltern immer als sehr liebevoll empfunden.

Ü 7: „Generationenbarometer 2009" – Nichtlineare Texte lesen: Diagramme

1.

Angaben	Selbst-vertrauen	Willens-stärke	Wissens-durst	Gefühle zeigen	Mut	Welt-läufig-keit	Entschei-dungs-freude
Nummer	1	3	2	5	4	6	7

2. Früher verbrachten die Väter weniger Zeit mit ihren Kindern als die Väter heute. *Oder:* Heute verbringen die Väter mehr Zeit mit ihren Kindern als die Väter früher.

3. [X] Die Mehrheit der Eltern meint, ihr Verhältnis zu den eigenen Kindern sei besser als das Verhältnis, das sie selbst als Kind zu ihren Eltern hatten.

   Hinweis: Die Mehrheit der Befragten gibt zwar an, dass sich die Beziehung (sehr) stark verändert hat. Das heißt aber nicht automatisch, dass sich das Verhältnis verbessert hat.

4. **Aussagen**

	trifft zu	trifft nicht zu
a) Je älter die Befragten waren, umso öfter gaben sie an, von ihren Eltern in der Kindheit geprügelt worden zu sein.	X	
b) Heutzutage kommt es zwischen Eltern und Kindern seltener zu Konflikten als früher.		X
c) Wenn es zwischen Eltern und Kindern Probleme gibt, werden heute öfter Ohrfeigen gegeben.		X
d) In Konfliktfällen schimpfen die heutigen Eltern fast genauso oft wie die Eltern früher.	X	

A Die Abschlussprüfung – Training und Tipps

5. Ein Barometer misst die Veränderungen des Luftdrucks und zeigt so an, welche Wetterveränderungen zu erwarten sind. Beim „Generationenbarometer" geht es um die Frage, welche Veränderungen es im Laufe der Zeit in der Beziehung zwischen Eltern und Kindern gegeben hat. Dies ist gezielt anhand von ausgewählten Fragen untersucht worden.

Ü 8: Johann Peter Hebel „Die Ohrfeige" – Literarische Texte verstehen

1.	Text	Zusatzbotschaften
	Ein Büblein klagte seiner Mutter: „Der Vater hat mir eine Ohrfeige gegeben."	Der Junge scheint öfter zu lügen.
	Der Vater aber kam dazu und sagte: „Lügst du <u>wieder</u>? Willst du <u>noch eine</u>?"	Der Vater hat ihm tatsächlich eine Ohrfeige verpasst.

2. der Vater

   ✏ **Hinweis:** *Mit dem Wort „wieder" gibt der Vater zu verstehen, dass der Junge schon öfter gelogen hat. Die Frage „Willst du noch eine (gemeint: Ohrfeige)?" zeigt, dass der Sohn tatsächlich eine Ohrfeige bekommen hat. Es hat also nicht der Sohn, sondern der Vater gelogen.*

Ü 9: Heinrich von Kleist „Anekdote" – Prosatexte untersuchen

1. **Wer?** zwei berühmte Boxer, Zuschauer
   Wo? in London
   Was? Austragung eines öffentlichen Boxkampfes, durch den herausgefunden werden soll, wer von den beiden Boxern der bessere ist
   Wann? beim erstmaligen Zusammentreffen der beiden Boxer
   Welche Folgen? Tod beider Boxer; demjenigen, der den Boxkampf um einen Tag überlebt hat, wird die Siegerehre zuteil

2. Die Boxer treffen in London erstmals zusammen.
   Sie wollen herausfinden, wem der Siegerruhm gebührt.
   Sie vereinbaren einen öffentlichen Zweikampf.
   Sie schlagen beide kräftig zu.
   Der erste Boxer erleidet einen Blutsturz, nachdem der andere ihn geschlagen hat.
   Er schlägt zurück.
   Der andere Boxer geht zu Boden.
   Kurz darauf stirbt dieser.
   Dem ersten Boxer wird der Siegerruhm zuerkannt.
   Am Tag darauf stirbt auch er.

Ü 10: Arten von Prosatexten unterscheiden

Merkmal	Textsorte
Der Protagonist macht eine Entwicklung durch.	G
Die Handlung strebt auf einen Höhepunkt (auch: Wendepunkt) zu.	A; D; E; H
Diese Geschichten handeln oft davon, dass eine Person hereingelegt wird.	H
Die Hauptfiguren sind ganz normale Alltagsmenschen.	A; C; D; H
Die erzählte Handlung erstreckt sich über einen längeren Zeitraum.	G
Im Zentrum steht oft eine ungewöhnliche Begebenheit aus dem Leben einer Person.	A; E
Die Geschichte ist stark vereinfacht.	F
Es handelt sich um einen Prosatext von geringem Umfang.	A; C; D; H
Die Hauptfiguren sind oft Tiere, die sprechen können.	B
Im Mittelpunkt steht ein ganz besonderes Ereignis.	E
Es gibt keine Einleitung, und das Ende ist offen.	D
Es gibt eine Einleitung und ein richtiges Ende; die Handlungsschritte werden chronologisch dargestellt.	E
Man muss Parallelen zwischen der im Text dargestellten Handlung und der normalen Gesellschaft herstellen.	F; B

Ü 11: Die Erzählperspektive bestimmen

Text A   [X] Er-Erzähler → [X] auktorialer Erzähler
Text B   [X] Ich-Erzähler
Text C   [X] Er-Erzähler → [X] personaler Erzähler

Ü 12: Reinhold Ziegler „Marathon" – Einen Prosatext untersuchen

1. [X] Er hat geglaubt die Erwartungen seines Vaters erfüllen zu müssen.

    Hinweis: Das entscheidende Problem ist für ihn gewesen, dass er gemeint hat, die Erwartungen seines Vaters erfüllen zu müssen. Andernfalls hätte er sich auch zur Wehr setzen können, z. B. hätte er sagen können, dass er nicht laufen will.

A Die Abschlussprüfung – Training und Tipps

2. **Eigenschaften**

	trifft zu	trifft nicht zu
a) Ungeduld	☒	☐
b) Egoismus	☒	☐
c) Gleichgültigkeit	☐	☒
d) Ehrgeiz	☒	☐
e) Einfühlsamkeit	☐	☒

Hinweis: a) Der Ich-Erzähler sagt gleich zu Anfang der Erzählung, dass sein Vater es kaum abwarten konnte, ihn zum Laufen zu bringen (vgl. Z. 5–18). d) Er hat sich zum Ziel gesetzt, seinen Sohn zu einem erfolgreichen Läufer zu machen, und dieses Ziel hat er mit Ehrgeiz verfolgt. c) Gleichgültigkeit kann man ihm daher nicht nachsagen. b) Da er seinen Sohn gar nicht nach dessen Bedürfnissen und Wünschen fragt, handelt er ausschließlich aus eigenen Interessen heraus, also ist er egoistisch. e) Als einfühlsam kann man ihn daher auch nicht bezeichnen.

3. Am meisten gefehlt hat ihm …

☒ Spaß.

Hinweis: Er ist nur deshalb gelaufen, weil er laufen musste, um die Erwartungen seines Vaters zu erfüllen. Dass Freude dabei keine Rolle gespielt hat, ist daran zu erkennen, dass der Ich-Erzähler sich und andere Jungen als Personen bezeichnet, denen „Laufen Spaß machen musste" (Z. 79). Das klingt nach Pflicht und nicht nach wirklichem Spaß.

4.

Nummer	Handlung
5	Der Ich-Erzähler wird als Olympia-Hoffnung gefeiert.
8	Der Ich-Erzähler steigt auf Marathon um.
10	Der Ich-Erzähler will mit dem Laufen aufhören.
2	Der Ich-Erzähler nimmt zum ersten Mal an einem Fünftausendmeterlauf teil.
7	Der Ich-Erzähler verpasst die Qualifikation für Olympia.
9	Der Ich-Erzähler läuft mit seinem Vater Marathon.
1	Der Vater nutzt jede Gelegenheit, um mit seinem Sohn zu laufen.
6	Der Ich-Erzähler fängt an, Sport zu studieren.
3	Bei einem Fünftausendmeterlauf kann sich der Ich-Erzähler nicht gegen seine Konkurrenten behaupten.
4	Der Ich-Erzähler gewinnt einen Fünftausendmeterlauf.

5. Hass

    Hinweis: Vgl. Z. 96–98

6. ☒ Er hat diese Worte schnell vergessen.

    Hinweis: Dass er sagt, er habe diese Worte „eingeschlossen", heißt nicht, er habe sie „wegschließen" wollen, um sie zu vergessen. Vielmehr hat er sie behandelt wie einen Schatz, den er nicht verlieren will.

7. ☒ Er hat Mitleid mit ihnen.

    Hinweis: Wenn er über sie sagt, dass ihnen (wie ihm selbst!) das Laufen „Spaß machen musste" (Z. 79), zeigt das, dass er sich gut in sie hineinversetzen kann und Mitgefühl mit ihnen hat.

8. a) Ich <u>konnte</u> nur krabbeln.
    b) Ich <u>sollte</u> laufen lernen.
    c) Ein Gefühl des Hasses <u>wollte</u> mich zurückhalten.
    d) Als Dreizehnjähriger <u>musste</u> ich mit den Achtzehnjährigen am Fünftausendmeterlauf teilnehmen.
    e) Das Laufen <u>sollte</u> uns Spaß machen.
    f) Beim nächsten Fünftausendmeterlauf <u>sollte</u>/<u>musste</u> ich wieder teilnehmen.
    g) Ich <u>konnte</u> mich nicht für Olympia qualifizieren.
    h) Ich <u>wollte</u> meinen Vater fertigmachen.

    Hinweis: Der Unterschied zwischen „sollen" und „müssen" besteht in Folgendem: Wer etwas tun <u>soll</u>, der erfüllt eine Pflicht, die andere ihm auferlegen. Wer etwas tun <u>muss</u>, der hat keine andere Wahl als genau diese Tätigkeit zu erfüllen. Sie zu erfüllen, ist eine Art Notwendigkeit. Wer etwas tun <u>will</u>, handelt aus eigenem Antrieb, und wer etwas tun <u>kann</u>, der hat die Fähigkeit zu dieser Tätigkeit.

9. ☒ Er findet keine Worte zu seinem Misserfolg.

    Hinweis: Es ist die Sprachlosigkeit, die ihn sich fremd fühlen lässt.

10. ☒ „Vater wird den Marathonlauf bestimmt nicht schaffen."

    Hinweis: Wenn der Vater noch nie Marathon gelaufen ist und außerdem älter geworden ist, dann ist davon auszugehen, dass er die Strecke nicht schaffen wird.

11. Er legt von Anfang an ein zu hohes Tempo vor.

    Hinweis: Z. 138–140

A Die Abschlussprüfung – Training und Tipps

12. **Aussagen**

	trifft zu	trifft nicht zu
a) Er will seinen Vater demütigen.	X	☐
b) Sein Vater soll infolge der Anstrengung sterben.	☐	X
c) Er will seinem Vater sein Können unter Beweis stellen.	☐	X
d) Er will sich an seinem Vater rächen.	X	☐

Hinweis: Es geht ihm nur darum, sich an seinem Vater zu rächen und ihn zu demütigen, indem er ihm vorführt, dass er die Marathonstrecke nicht schafft. Seine eigenen Fähigkeiten will er nicht mehr unter Beweis stellen, weil er mit dem Laufen ganz aufhören will und daher gar keinen Ehrgeiz mehr hat, seinem Vater seine Qualitäten als Läufer vorzuführen. Sterben soll sein Vater aber auch nicht. Zwar äußert der Ich-Erzähler zu Beginn des Marathonlaufes so etwas (vgl. Z. 151 f.), aber als der Vater zusammenbricht, eilt er sofort zu ihm, um ihm zu helfen (vgl. Z. 175–181). Wenn er wirklich gewollt hätte, dass sein Vater stirbt, hätte er das nicht getan.

13. Mit diesen Worten soll ihm sein Vater zeigen, dass er …

    [X] seine Fehler eingesehen hat.

Hinweis: Wenn Eltern sagen, sie hätten „doch nur das Beste" für ihre Kinder gewollt, dann haben sie verstanden, dass ihre Kinder ihnen im Nachhinein Vorwürfe wegen bestimmter erzieherischer Maßnahmen machen. Sie geben damit indirekt zu, dass ihr Erziehungsverhalten falsch war, bringen aber gleichzeitig zum Ausdruck, dass ihre Motive ehrenhaft waren. Damit wollen sie ihre Kinder um Verständnis und Nachsicht bitten.

14. a) Der Vater wird ihn nicht dazu bewegen können, weiter zu laufen.
    b) Sein Entschluss wird sich auch dann nicht ändern, wenn er den Marathonlauf mit seinem Vater gut bewältigt.

15. Marathon ist ein Langstreckenlauf über eine Strecke von 42 Kilometern. Ein solcher Lauf verlangt von den Läufern das Äußerste. In der Erzählung geht es aber nicht nur um die sportliche Disziplin. Es geht auch darum, dass der Sohn lernt, seine Interessen durchzusetzen und sich gegenüber seinem Vater zu behaupten. Dies zu schaffen, ist für ihn ähnlich anstrengend gewesen wie ein Marathonlauf.

16. Mit dem Wort „Nebeneinander" ist zunächst gemeint: Keiner läuft voran und keiner bleibt hinter dem anderen zurück. Das Wort drückt zugleich aus: Vater und Sohn sind jetzt gleichrangig; keiner ist dem anderen mehr überlegen, keiner kann den anderen beherrschen.

Ü 13: Günter Eich „Septemberliches Lied vom Storch" – Gedichte untersuchen

1. Herbstbeginn

2. Er vermittelt die Sicht ...

    [X] eines nachdenklichen Beobachters.

    Hinweis: Es wird nicht die Sicht eines Tieres eingenommen, sondern die Sicht eines Beobachters. Dieser ist aber nicht gleichgültig, sondern nachdenklich. Das zeigt sich z. B. darin, dass er den Tieren Gedanken oder Gefühle zuschreibt (z. B. „Er aber glaubt nicht mehr ans Jahr", V. 5; „unbesorgt", V. 10).

3. Es ist schon September, dem Datum nach eigentlich Herbstbeginn. Noch aber erweckt das Wetter den Eindruck, als befinde man sich mitten im Sommer.

    Hinweis: Durch seinen Fortflug hat der Storch angezeigt, dass der Herbstbeginn kurz bevorsteht, auch wenn das Wetter einen anderen Eindruck vermittelt.

4. **Strophe 1:** Die Sonne scheint, es ist warm, und abends ist es noch lange hell.
    Strophe 2: Der Storch hat gespürt, dass der Herbst naht, und ist schon nach Süden geflogen.
    Strophe 3: Frösche und Mäuse fühlen sich sicher, da der Storch fort ist.
    Strophe 4: Die Mücke fühlt sich auch sicher, obwohl ihr von der Spinne nach wie vor eine Gefahr droht.

5. Gemeint ist der Storch.

6. **Zwar** spinnt die Spinne immer noch ihre Fäden.
    Aber die Mücke verhält sich so, als drohe ihr keine Gefahr.

    Hinweis: Die Mücke „tanzt" (V. 15).

7. a) [X] Es ist ein Lied über den Storch.

    Begründung: Der Storch singt dieses Lied nicht selbst, sondern der lyrische Sprecher „singt" es. Thema seines Lieds ist der Storch, der schon seine Reise nach Süden angetreten hat.

    b) Das Gedicht hat eine einfache Form und ist aus regelmäßigen Strophen gebaut. Weiter weist es ein gleichmäßiges Metrum auf wie ein Lied mit durchgehendem Taktschlag. Die Reime am Ende jedes Verses unterstützen diesen Eindruck ebenso wie der refrainartig wiederkehrende Satz „und lang noch steht die Sonn' im Tag" (V. 4, 8, 16). Auch der Inhalt spricht für ein „Lied": Jahreszeiten sind beliebte Themen in Volksliedern. Die Stimmung erinnert ebenfalls an ein solches: Die Tiere sind recht unbeschwert und fröhlich, da sie nicht mehr befürchten müssen, vom Storch gefressen zu werden. Dazu scheint die Sonne warm und hell.

8. Der Höhepunkt des Sommers ist überschritten, und der Herbst naht. Nun scheinen für die kleinen Tiere keine Gefahren mehr zu drohen, weil der Storch bereits in Richtung Süden geflogen ist. Ein großer Feind ist also verschwunden, und sie genießen ihr Dasein. Allerdings ist die Situation trotzdem nicht ganz ungefährlich. Das betrifft z. B. die Mücke, die sich nach wie vor im Netz der Spinne verfangen kann, auch wenn ihr das nicht bewusst ist. Dennoch ist die Stimmung sorglos und unbeschwert, auch für die Mücke.

Ü 14: „Septemberliches Lied vom Storch" – Das Reimschema bestimmen

Paarreim

Hinweis: Reimschema: aa bb / cc bb / dd bb / ee bb

Ü 15: „Septemberliches Lied vom Storch" – Das Versmaß bestimmen

Vierhebiger Jambus

Hinweis: Die Sónne brénnt nóch überm Lúch, / vom Grúmmet wéht der Grásgerúch [...]

Ü 16: „Septemberliches Lied vom Storch" – Form und Inhalt zusammenführen

Inhalt: Die Darstellung der Natur kurz vor Herbstbeginn wirkt idyllisch und schön.
Form: Auch die Form ist harmonisch: Die vier Strophen haben alle die gleiche Anzahl an Versen, es liegt ein regelmäßiges Reimschema vor, der Paarreim und auch das Versmaß, ein vierhebiger Jambus, sind regelmäßig.

Ü 17: Mathias Jeschke „Spiel zwischen Erde und Himmel" – Moderne Gedichte verstehen

1. Pfiff (V. 2, 9), gefoult (V. 4), Freistoß (V. 12)

   Hinweis: Diese Wörter sind eindeutig dem Fußball zuzuordnen. Es gibt aber noch weitere Wörter, die ebenfalls als Anspielung auf ein Fußballspiel zu verstehen sind: Spiel (Überschrift), Sturz (V. 1), schrill (V. 2, 9), gellt (V. 2), jubeln (V. 7), schwenken, Fahnengrün (V. 8), trifft (V. 11).

2. Der lyrische Sprecher ist …

   [X] ein Fußballspieler.

   Hinweis: Der lyrische Sprecher muss ein Fußballspieler sein, denn er steht „am Punkt für den Freistoß" (V. 12). Das kann für keine der drei anderen Personen gelten.

3. **Der zweite Themenbereich ist** die Natur.
   Beispiele: Vögel (V. 7), Bäume (V. 8)

   Hinweis: Mögliche Beispiele sind auch: Lichtung (V. 6), grün (V. 8).

4. **Erste Bedeutung:** eine Vogelart/ein Singvogel
   Zweite Bedeutung: ein vorgetäuschtes Foul in einem Fußballspiel

5. Im Augenwinkel der Sturz.
   Schrill, scharf gellt der Pfiff.
   Ich wende mich hin,
   doch niemand gefoult am Boden.
   Es war eine Schwalbe.
   Ich stehe auf der Lichtung und öffne mich.
   Die Vögel jubeln,
   die Bäume schwenken ihr Fahnengrün.
   Erneut ein schriller Pfiff.
   Erwartung wächst.
   Da trifft es mich:
   Ich stehe am Punkt für den Freistoß.

   Quelle: http://matthiaskehle.blogspot.com/search/label/Fu%C3%9Fball

A Die Abschlussprüfung – Training und Tipps   17

Ü 18: „Spiel zwischen Erde und Himmel" – Sprachbilder erkennen

1. In dem Gedicht gibt es …

   [X] Personifikationen.

   Hinweis: „Metaphern" wird hier nicht als richtig gewertet, da die Antwort im Plural in jedem Fall falsch wäre. Eventuell könnte die „Schwalbe" (V. 5) als Metapher angesehen werden. Es handelt sich allerdings um eine lexikalisierte Metapher, d. h. eine tote Metapher, deren Zweitbedeutung fest in den Wortschatz eingegangen ist und die deshalb nicht zwingend als Metapher erkannt werden muss.

2. „die Bäume schwenken ihr Fahnengrün" (V. 8)

3. Die Sprachbilder erzeugen eine eher …

   [X] gute Stimmung.

   Begründung: Wenn es heißt „die Vögel jubeln" (V. 7) und „die Bäume schwenken ihr Fahnengrün" (V. 8), dann wirkt das fröhlich. Die Natur scheint die gute Stimmung der Zuschauer im Stadion widerzuspiegeln.

   Hinweis: Du kannst aber auch die Antwort „schlechte Stimmung" auswählen. Im Gedicht gibt es viele sehr kurze Wörter mit harten Konsonanten, wie z. B. „Sturz" (V. 1), „schrill" (V. 2), „scharf" (V. 2), „gellt" (V. 2), „Pfiff" (V. 2), „trifft" (V. 11). Der Klang dieser Wörter sowie ihre Bedeutung wirken eher negativ auf den Leser. Beide Antworten sind also möglich, entscheidend ist deine Begründung. Insgesamt ist die Stimmung im Gedicht als gemischt anzusehen.

Ü 19: Peter Maiwald „Die Kampagne" – Ironie richtig deuten

1. Aussprechen von Irrtümern, Missverständnisse, Geschwätzigkeit

   Hinweis: Auch möglich wäre: Ärger mit Schwerhörigen, Lügen, jemanden zu etwas überreden.

2. **Erste Textstelle:** „In Zweifelsfällen werden wir handgreiflich." (Z. 35 f.)
   Erklärung: Wenn jemand handgreiflich wird, wendet er Gewalt an. Das kann nicht positiv gemeint sein!

   Hinweis: Im Zweifel sind verbale Auseinandersetzungen besser als körperliche Gewalt, denn durch körperliche Gewalt eskaliert ein Streit, während das Sprechen über Konflikte eine Lösung des Problems herbeiführen kann.

Zweite Textstelle: „Seit wir sprachlos sind, kann uns nichts mehr erschrecken." (Z. 39 f.)
Erklärung: Es ist keinesfalls von Vorteil, wenn man über nichts mehr erschrickt. Das würde ja auch bedeuten, dass man schlimme Missstände oder grobe Fehler klaglos hinnimmt.

Hinweis: Wer niemals erschrickt, wird auch nicht gegen Unrecht protestieren, und das kann nur schlecht sein. Auch wird er dazu neigen, unvorsichtig zu sein, weil er vor nichts Angst hat.

Ü 20: Einen Brief/eine E-Mail an einen Freund verfassen

Lieber Nico,
wie ich höre, liegst du seit gestern mit Grippe im Bett. Das tut mir leid. Sieh zu, dass du bald wieder auf die Beine kommst! Ich hoffe, du langweilst dich nicht allzu sehr und bist bald wieder fit. In der Schule hast du noch nicht viel versäumt. Aber wahrscheinlich interessiert dich das im Moment auch nicht besonders. Wenn wir irgendwelche wichtigen Arbeitsmaterialien bekommen, werde ich sie dir vorbeibringen.

Herzliche Grüße und gute Besserung!
Dein ...

Ü 21: Den Schreibprozess steuern – W-Fragen beantworten

a) Einrichten einer von Schülern betriebenen Cafeteria an der Schule
b) der Schulsprecher/die Schulsprecherin der Schule
c) Bitte um Unterstützung, damit das Vorhaben verwirklicht werden kann
d) an die Schulleiterin
e) Die Schulleiterin ist gegen das Vorhaben.

A Die Abschlussprüfung – Training und Tipps

Ü 22: Den Schreibprozess steuern – Einen Schreibplan erstellen

Tabelle:

Vorteile	Mögliche Einwände
• Viele Schüler kommen hungrig in die Schule → können sich nach Frühstück besser konzentrieren • Schüler lernen Verantwortung zu tragen: müssen einkaufen, verkaufen, abrechnen etc. • Geldeinnahme für die Schule, zusätzliches Geld für wichtige Anschaffungen • Mensa erst in Mittagspause geöffnet: zu spät! • Angebote für den „kleinen Hunger zwischendurch" erwünscht • gut für die Schulatmosphäre: Treffpunkt für Schüler und Lehrer • evtl. Beitrag zur gesunden Ernährung, z. B. durch Angebot von Obst und Joghurt • macht Schülern Spaß, fühlen sich ernst genommen, erhalten Anerkennung von Mitschülern und Lehrern • Betreiben einer Cafeteria schult wirtschaftliches Denken → zunehmend gefragt • eigenverantwortliches Betreiben einer Cafeteria ermöglicht praxisorientiertes Lernen	• Mensa vorhanden → möglicherweise weniger Essensteilnehmer → evtl. Klagen des Betreibers über Gewinneinbußen • Zeitproblem: Pausen nur 20 Minuten lang, pünktliches Erscheinen für aktive Schüler evtl. schwierig • evtl. Risiken in Bezug auf Geld (Kontrolle von Einnahmen und Ausgaben nötig) • Organisation schwierig • Startkapital nötig, unklar: Woher soll das Geld stammen? • Platz benötigt: Auswahl des Raumes zu klären • Ausstattung der Cafeteria mit Möbeln nötig (Tische, Stühle, Theke, Geschirr, Kasse ...) • evtl. Mitarbeit von Eltern und Lehrern nötig • bestimmtes Angebot von Schülern erwartet, evtl. ungesund (z. B. Süßigkeiten) • Cafeteria unnötig: Schüler können Pausenbrot von zu Hause mitbringen

Mindmap und Cluster:

Die Argumente aus dieser Tabelle kannst du auch in eine Mindmap oder in ein Cluster eintragen. Beginne dabei mit den Grundgedanken bei den direkt von der Mitte ausgehenden Ästen. Nutze dann weitere Abzweigungen von diesen für Zusätze und Zusammengehöriges, z. B. so:

Hauptast: *gezieltes Essensangebot möglich*
→ Nebenabzweigung: *z. B. Obst, Joghurt*
→ Abzweigung von der Nebenabzweigung: *evtl. Beitrag zur gesunden Ernährung*
Oder so:
Hauptast: *Raumplanung erforderlich*
→ erste Abzweigung vom Hauptast: *zentraler Raum nötig*
→ zweite Abzweigung vom Hauptast: *muss von allen gut zu erreichen sein*

In einem **Cluster** sind die Eintragungen noch ungeordnet aufgeführt, so wie die Ideen dir in den Sinn kommen (wie beim Brainstorming).

Die **Mindmap** dagegen kannst du gleich unterteilen in eine Pro- und eine Kontra-Seite – oder du fertigst je eine eigene Mindmap für Pro-Argumente und Kontra-Argumente an.

Ü 23: Den Schreibprozess steuern – Einleitung und Schluss verfassen

Einleitung:

Sehr geehrte Frau …,
nach unserem Gespräch über das Vorhaben, eine Cafeteria zu eröffnen, war ich sehr enttäuscht. Auch meine Mitschülerinnen und Mitschüler hatten darauf gehofft, dass Sie unserem Wunsch entgegenkommen. Vielleicht ist es mir nicht gelungen, Ihnen klarzumachen, weshalb wir uns alle eine Cafeteria wünschen und warum wir sie sogar für notwendig halten. Deshalb möchte ich Ihnen die Argumente, die aus Sicht der Schüler dafür sprechen, noch einmal genau darlegen. …

Schluss:

Ich hoffe, es ist mir gelungen, Sie davon zu überzeugen, dass es wirklich gut wäre, wenn wir an unserer Schule eine Cafeteria betreiben würden. Ein solches Angebot wäre ein entscheidender Beitrag zur Verbesserung der Schulatmosphäre. Schließlich verbringen wir alle – Schüler und Lehrer – einen Großteil des Tages in der Schule. Es wäre schön, wenn wir für die Pausen eine Begegnungsstätte hätten, an der wir uns alle gerne aufhalten. Deshalb möchte ich Sie noch einmal ausdrücklich darum bitten, uns bei unserem Vorhaben zu unterstützen.

Mit freundlichen Grüßen

…

Ü 24: Den Schreibprozess steuern – Einen Text überarbeiten

Wir haben zwar eine Mensa, doch dort bekommen wir erst um 13 Uhr ein Mittagessen, und das ist für viele Schüler zu spät. Es gibt heutzutage nämlich eine ganze Reihe von Schülern, die ohne Frühstück zur Schule kommen und die deshalb schon früh am Morgen Hunger haben. Sie möchten sich vorher etwas zu essen und zu trinken kaufen können. Denn sie können sich sonst im Unterricht nicht konzentrieren. Daher wäre eine Cafeteria wichtig für sie. […]

Ü 25: Friedrich Schiller „Der Verbrecher aus verlorener Ehre" – Offene Fragen zu einem Text beantworten

1.
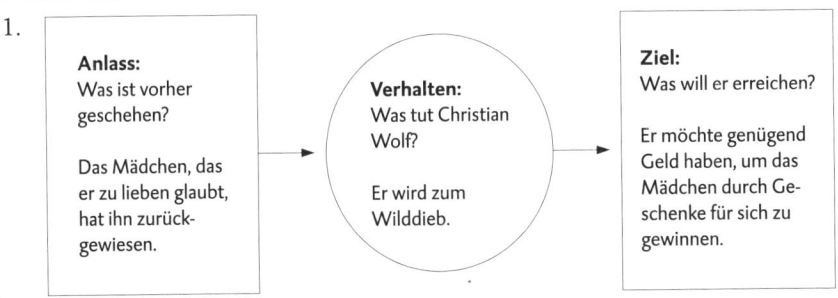

2. **Antwort:** Christian Wolf wird zum Wilddieb, weil er zu Geld kommen will, um dem Mädchen, in das er verliebt ist, Geschenke machen zu können.
Textbeleg: „Ein Herz, das seinen Beteuerungen verschlossen blieb, öffnete sich vielleicht seinen Geschenken […]" (Z. 30–32).
Erläuterung: Weil er ziemlich hässlich aussieht, ist es schwer für ihn, beim anderen Geschlecht auf Interesse zu stoßen. Auch Hannchen, die er zu lieben glaubt, hat ihn zurückgewiesen. Da sie aber arm ist, hofft er, sie mit Geschenken doch für sich gewinnen zu können. Um an das nötige Geld dafür zu kommen, fängt er an zu wildern.

Ü 26: Reinhold Ziegler „Marathon" – Den Inhalt eines Texts zusammenfassen

Schreibplan:

Einleitung Textsorte, Titel, Verfasser, Thema (*Was passiert?*)	Erzählung „Marathon" Reinhold Ziegler Vater-Sohn-Konflikt: Dem Sohn fällt es schwer, sich gegenüber den Erwartungen seines Vaters zu behaupten.
Hauptteil Die einzelnen Handlungsschritte	1. Der Vater trainiert seinen Sohn schon früh im Laufen. 2. Der Sohn muss bereits mit 13 Jahren an einem Fünftausendmeterlauf teilnehmen: Er bewältigt die Laufstrecke, geht aber nicht als Sieger hervor. 3. Lob des Vaters für den guten Fünftausendmeterlauf; er meint, dass der Sohn den nächsten Lauf gewinnen wird. 4. Ein Jahr später gewinnt der Sohn tatsächlich. 5. Er wird von der Presse als Olympiahoffnung gefeiert. 6. Er zieht in eine andere Stadt, um Sport zu studieren. 7. Er verpasst die Qualifikation für Olympia. 8. Er steigt auf Marathon um, aber ist auch darin nicht gut genug. 9. Er besucht seine Eltern: fühlt sich zu Hause fremd und schafft es nicht, mit ihnen über seine sportlichen Misserfolge zu reden. 10. Sein Vater fordert ihn zum Laufen auf. 11. Der Sohn schlägt Marathon vor, der Vater willigt ein. 12. Während des Laufes bricht der Vater zusammen. 13. Die beiden unterhalten sich und kommen sich näher.
Schluss Ergebnis/Ausgang des Geschehens	Der Sohn hat es geschafft, sich von den hohen Erwartungen seines Vaters zu lösen. Er beschließt, mit dem Laufen aufzuhören.

Inhaltsangabe:

In der Erzählung „Marathon" von Reinhold Ziegler, erschienen im Jahr 2001, geht es um einen Vater-Sohn-Konflikt: Der Ich-Erzähler, ein junger Mann, erzählt davon, wie er von Kindheit an darunter gelitten hat, die Erwartungen seines Vaters erfüllen zu müssen. Von klein auf hat der Vater ihn auf eine Karriere als Leistungssportler getrimmt, ohne auf die Begabungen, Bedürfnisse und Interessen des Jungen Rücksicht zu nehmen. Erst nach vielen Jahren gelingt es dem Sohn, sich von diesen Ansprüchen zu befreien.

Der Ich-Erzähler erinnert sich noch genau daran, wie sein Vater ihn schon als kleinen Jungen bei jeder Gelegenheit im Laufen trainiert hat, beispielsweise auf dem Weg zum Bäcker. Bereits als 13-Jähriger hat er als Einziger aus seiner Altersklasse bei einem Sportfest an einem Fünftausendmeterlauf teilnehmen müssen, um den Ehrgeiz seines Vaters zu befriedigen. Obwohl er aus dem Rennen nicht als Sieger hervorgegangen ist, hat er von seinem Vater lobende Worte zu hören bekommen – und die Prophezeiung, dass er das nächste Rennen ein Jahr später gewinnen werde, was dann auch tatsächlich geschehen ist. Von diesem Tag an ist der junge Läufer als „Olympiahoffnung" gefeiert worden, nicht nur von seinem Vater, sondern auch von den Zeitungen.

Nach der Schule ist er in eine andere Stadt gegangen, um dort Sport zu studieren und professionell zu trainieren. Doch er hat es trotzdem nicht geschafft, sich für Olympia zu qualifizieren. Danach ist er auf Marathon umgestiegen, in der Hoffnung, dort bessere Leistungen zu erzielen. Allerdings hat er schon bald gemerkt, dass er auch in dieser Disziplin nicht gut genug ist.

Als er wieder einmal bei seinen Eltern zu Besuch ist, fühlt er sich zunächst fremd bei ihnen. Es gelingt ihm nicht, mit ihnen über seine sportlichen Misserfolge ins Gespräch zu kommen. Schließlich fordert sein Vater ihn zum gemeinsamen Laufen auf. Auf die Frage nach der Laufstrecke schlägt der Sohn Marathon vor. Er glaubt, dass sein Vater eine so lange Strecke nicht schaffen wird, und möchte sich auf diese Weise für den übertriebenen Ehrgeiz, den dieser immer in Bezug auf ihn gehabt hat, an ihm rächen. Nach einer Weile bricht der Vater tatsächlich zusammen.

Der Zusammenbruch führt dazu, dass die beiden endlich miteinander ins Gespräch kommen. Der Vater versteht, dass der Sohn sich mit dem Marathonlauf an ihm hat rächen wollen – für die übertriebenen Erwartungen, mit denen er ihn jahrelang gequält hat. Am Ende finden die beiden zueinander.

Ü 27: „Bloß keine Panik!" – Inhaltsangabe zu einem Sachtext

Der Text „Bloß keine Panik", erschienen im Magazin Geo im Oktober 2009, befasst sich mit dem Verhalten von Menschen, die in eine Katastrophensituation geraten. Dabei wird vor allem der Frage nachgegangen, ob Menschen verschiedener Kulturen in solchen Krisensituationen unterschiedlich reagieren.

Der Verfasser bezieht sich auf eine Studie, an der 20 Wissenschaftler aus acht europäischen Staaten beteiligt gewesen sind. Die Ergebnisse dieser Studie hätten gezeigt, dass Menschen während einer Katastrophe keineswegs panisch reagieren. Auch gebe es keine kulturell bedingten Verhaltensunterschiede. Lediglich Türken würden etwas heftigere und unüberlegtere Reaktionen zeigen.

Im Einzelnen vermittelt der Text folgende Informationen über die Studie: Die beteiligten Wissenschaftler haben Personen befragt, die kurz zuvor eine Krisensituation erlebt haben. Dabei ging es sowohl um Erlebnisse mit extremen Krisensituationen, z. B. Attentaten oder Erdbeben, als auch Erlebnisse mit eher gewöhnlichen Krisensituationen, z. B. dem Ausbruch eines Feuers. Letztere waren von besonderem Interesse, weil sie weltweit nach ähnlichem Muster ablaufen. Auf diese Weise wollten die Forscher herausfinden, ob Menschen unterschiedlicher Kulturen in Paniksituationen verschiedene Verhaltensweisen zeigen.

Es hat sich gezeigt, dass Menschen, die plötzlich einer Krisensituation ausgesetzt sind, durchaus ruhig und überlegt handeln. Sogar Personen, die sich selbst als ängstlich einschätzen, verlieren nicht die Kontrolle über ihr Handeln. Das gilt für Menschen jeder Herkunft. Lediglich Türken zeigen stärkere Reaktionen, etwa, indem sie dazu neigen, beim Ausbruch eines Feuers schneller von einem Balkon zu springen.

Ein weiteres Ergebnis betrifft das Verhalten der Betroffenen anderen gegenüber: Menschen in Krisensituationen denken keineswegs nur an sich selbst, sondern sie kümmern sich auch um andere und versuchen, ihnen zu helfen.

Den Forschern ging es allerdings nicht in erster Linie darum, Vorurteile zu entkräften. Die Ergebnisse ihrer Studie sollen vielmehr einen praktischen Nutzen haben: Zum einen können auf dieser Grundlage Fluchtwege effektiver gestaltet werden, z. B. durch das Anbringen von Fluchtzeichen. Zum anderen sollen Helfer, z. B. Feuerwehrleute, darin trainiert werden, auf kulturelle Besonderheiten zu achten, wenn sie Menschen zu Hilfe kommen. Dass sie diese Kompetenz erwerben, ist deshalb nötig, weil es immer öfter vorkommt, dass sie auch über Ländergrenzen hinweg Hilfe leisten müssen.

A Die Abschlussprüfung – Training und Tipps

Ü 28: „Septemberliches Lied vom Storch" – Inhaltsangabe zu einem Gedicht

In dem Gedicht „Septemberliches Lied vom Storch" von Günter Eich beschreibt der lyrische Sprecher die Natur, wie sie sich zu Beginn des Herbstes zeigt: In dieser Zeit ist noch kaum zu merken, dass demnächst die kältere Jahreszeit beginnt. Lediglich die Abwesenheit des Storches deutet darauf hin, dass das Jahr allmählich zu Ende geht. Das Bild, das die Natur bietet, ist nach wie vor schön: Die Sonne scheint, das Heu duftet, die Brombeeren sind reif, und es ist noch lange hell. Nur der Storch spürt, dass die letzten schönen Tage gezählt sind, und hat bereits den Flug nach Süden angetreten.

Weil ihnen nun keine Gefahr mehr von diesem Feind droht, genießen die kleinen Tiere unbeschwert ihr Dasein. Das gilt insbesondere für die Maus und den Frosch. Nur die Mücke unterliegt einem Irrtum, denn sie ist nach wie vor gefährdet, und zwar durch die Spinne, die immer noch ihr Netz webt, in dem die Mücke sich verfangen könnte.

Die schöne Stimmung an den letzten Sonnentagen ist also trügerisch: Zwar ist die Gefahr für die einen deutlich geringer geworden, doch andere müssten eigentlich immer noch auf der Hut sein. Die perfekte Idylle gibt es also nicht.

Ü 29: Helga M. Novak „Schlitten fahren" – Die Textanalyse vorbereiten

a) **Schlitten fahren**

	Überschrift doppeldeutig: 1. Spiel der Kinder, 2. schimpfen
Das <u>Eigenheim</u> steht in einem Garten. Der Garten ist groß.	gute Wohnsituation, wohlhabend?
<u>Durch den Garten fließt ein Bach.</u> Im Garten stehen zwei Kinder. <u>Das eine der Kinder kann noch nicht sprechen.</u> Das andere Kind ist größer. Sie sitzen <u>auf einem Schlitten</u>. Das kleinere Kind weint. <u>Das größere sagt, gib den Schlitten her. Das kleinere weint. Es schreit.</u>	gefährlich! nicht mal zwei Jahre alt nur ein Schlitten Kinder streiten um den Schlitten wütend, hilflos
Aus dem Haus tritt <u>ein Mann. Er sagt, wer brüllt, kommt rein. Er geht in das Haus zurück.</u> Die Tür fällt hinter ihm zu.	Mann = Vater: fragt nicht nach Gründen, macht seine Drohung nicht wahr
<u>Das kleinere Kind schreit.</u>	Streit geht weiter
Der Mann erscheint wieder in der Haustür. <u>Er sagt, komm rein. Na wird's bald. Du kommst rein. Wer brüllt, kommt rein.</u>	Vater wiederholt seine Drohung
<u>Komm rein.</u> Der Mann <u>geht hinein. Die Tür klappt.</u>	macht Drohung wieder nicht wahr
Das kleinere Kind hält die Schnur des Schlittens fest. <u>Es schluchzt.</u>	kein lautes Schreien mehr → nicht trotzig, sondern traurig

Der Mann öffnet die Haustür. <u>Er sagt, du darfst Schlitten fahren</u>, aber nicht brüllen. <u>Wer brüllt, kommt rein. Ja. Ja. Jaaa. Schluss jetzt.</u>	schluchzendes Kind rührt ihn? wiederholt Drohung
<u>Das größere Kind sagt, Andreas will immer allein fahren. Der Mann sagt, wer brüllt, kommt rein.</u> Ob er nun Andreas heißt oder sonstwie. <u>Er macht die Tür zu.</u>	größeres Kind ohne Namen, fühlt sich ungerecht behandelt Vater desinteressiert, wiederholt nur seine Drohung, kümmert sich nicht
<u>Das größere Kind nimmt dem kleineren den Schlitten weg.</u> <u>Das kleinere Kind schluchzt, quietscht, jault, quengelt.</u>	will auch mal allein rodeln hilflos und wütend
<u>Der Mann tritt aus dem Haus. Das größere Kind gibt dem kleineren den Schlitten zurück.</u> Das kleinere Kind setzt sich auf den Schlitten. <u>Es rodelt.</u>	größeres Kind will Ärger vermeiden wahrscheinlich zufrieden
Der Mann sieht in den Himmel. <u>Der Himmel ist blau. Die Sonne ist groß und rot. Es ist kalt.</u>	schöner Wintertag
<u>Der Mann pfeift laut. Er geht wieder ins Haus zurück.</u> Er macht die Tür hinter sich zu.	gut gelaunt: denkt, alles sei in Ordnung
<u>Das größere Kind ruft, Vati, Vati, Vati, Andreas gibt den Schlitten nicht mehr her.</u>	beschwert sich, sucht Unterstützung
Die Haustür geht auf. Der Mann steckt den Kopf heraus. <u>Er sagt, wer brüllt, kommt rein. Die Tür geht zu.</u>	Wiederholung der Drohung, wieder ohne Konsequenz
<u>Das größere Kind ruft, Vati, Vativativati, Vaaatiii, jetzt ist Andreas in den Bach gefallen.</u>	in Panik, ruft um Hilfe
<u>Die Haustür öffnet sich einen Spalt breit.</u>	nur noch einen Spalt breit!
Eine Männerstimme ruft, <u>wie oft soll ich das noch sagen, wer brüllt, kommt rein.</u>	wiederholt seine Drohung → hat Situation nicht verstanden

Quelle: Helga M. Novak: Schlitten fahren. In: Dies.: Aufenthalt in einem irren Haus. Gesammelte Prosa. Schöffling & Co. Verlagsbuchhandlung GmbH. Frankfurt a.M. 1995, S. 82 f.

b) Als besondere **sprachliche Mittel** solltest du erkannt haben:
- einfache Wortwahl: „Haus", „Kind", „Tür", „Mann" ...; Ausnahme: „Eigenheim"
- viele kurze einfache Hauptsätze, unverbunden aufeinanderfolgend
- viele Wortwiederholungen: „Garten" (viermal in Z. 1 f.), „Kind", „Schlitten"
- Wiederholungen der Satzanfänge (= Anaphern): „Der Mann ...", „Das kleinere Kind ...", „Das größere Kind ..."
- Wortfeld „schreien": weinen, schreien, brüllen, schluchzen, quietschen, jaulen, quengeln, rufen

Wirkung: monoton, einfach, kühl, nüchtern, gefühllos, unlebendig

A Die Abschlussprüfung – Training und Tipps 27

✏ **Hinweis:** Du könntest auch noch anmerken, dass die wörtliche Rede nicht durch Anführungszeichen gekennzeichnet ist. Auch das trägt dazu bei, dass die Darstellung starr, unlebendig und kühl wirkt.

c) **Schreibplan**

Einleitung Basisinformationen, erster Teil der Inhaltsangabe	Kurzgeschichte „Schlitten fahren" von Helga M. Novak Wann: an einem schönen Wintertag Wo: im eigenen Garten Wer: zwei kleine Kinder Was: Unfall eines der Kinder beim Schlittenfahren im Garten
Hauptteil, Teil 1 zweiter Teil der Inhaltsangabe, Ablauf der Handlung	• Kinder streiten sich um Schlitten • Vater fühlt sich wiederholt durch den Lärm belästigt • tritt mehrmals vors Haus, ermahnt die Kinder zur Ruhe, spricht Drohungen aus („Wer brüllt, kommt rein.") • geht zurück ins Haus → macht Drohungen nicht wahr • Streit zwischen Kindern hält an • kleineres Kind fällt mit dem Schlitten in den Bach • Vater bemerkt die Gefahr nicht • fühlt sich weiter belästigt • bleibt im Haus
Hauptteil, Teil 2 Deutende Aussagen zum Text; Bezugnahme auf die Überschrift	• Spielsituation gefährlich für Kinder (Bach fließt durch den Garten) • eines der Kinder noch sehr klein (kann noch nicht sprechen) • Kinder haben zu zweit nur einen Schlitten → Streit um Schlitten • Vater will nicht durch Lärm belästigt werden, ermahnt Kinder zur Ruhe • desinteressiert: fragt nicht nach dem Grund für den Streit • droht bei Fortdauer des Geschreis mit dem Ende des Spiels im Garten • verantwortungslos: kümmert sich nicht um die Kinder • inkonsequent: macht seine Drohungen nicht wahr • älteres Kind hat Respekt vor Vater • Vater unterstützt kleines Kind

	- größeres Kind fühlt sich ungerecht behandelt
- größeres Kind will auch mal rodeln, nimmt kleinem Bruder den Schlitten weg
- Geschrei des kleinen Kindes: Ausdruck von Hilflosigkeit und Wut
- Vater wiederholt Drohung, wieder ohne Konsequenz
- schönes Winterwetter → gute Laune des Vaters
- Vater geht trotzdem ins Haus
- älteres Kind beschwert sich, sucht Unterstützung beim Vater
- Vater hört nur das Schreien, fragt nicht nach dem Grund, wiederholt seine Drohung
- älteres Kind ruft um Hilfe
- Vater genervt, öffnet Tür nur einen Spalt breit
- wiederholt Drohung → hat Situation nicht verstanden
Hauptteil, Teil 3 Besonderheiten der Darstellung	- Erzählperspektive: auktorialer Erzähler
- Wortwahl: einfach, fast naiv („Haus", „Schlitten", „Garten")
- „Eigenheim": passt nicht zur sonstigen Wortwahl
- viele Synonyme für „brüllen": „rufen", „quengeln", „jaulen", „schreien", „schluchzen", „quietschen"
- kurze Sätze, ohne verbindende Konjunktionen oder Adverbien aneinandergereiht
- viele Wortwiederholungen und Wiederholungen der Satzanfänge (Anaphern)
- wörtliche Rede nicht gekennzeichnet
- → Sprache und Darstellung wirken kühl, nüchtern, monoton, gefühllos: passt zum Verhalten des Vaters
Schluss	Kritik an der Gesellschaft: Materielles wichtiger als Wohlbefinden der Kinder, Desinteresse an Kindern unter Umständen (lebens-)gefährlich

A Die Abschlussprüfung – Training und Tipps

Ü 30: Helga M. Novak „Schlitten fahren" – Einen Text analysieren

Die Kurzgeschichte „Schlitten fahren" von Helga M. Novak erzählt, wie eines von zwei Geschwistern an einem schönen Wintertag beim Spiel mit dem Schlitten im Garten verunglückt, indem es in einen Bach stürzt.	*Einleitung:* Inhaltsangabe (1), Basisinformationen
Die Geschwister haben zu zweit nur einen Schlitten. Da jedes von ihnen allein rodeln will, geraten sie immer wieder in Streit. Das jüngere Kind, das noch nicht sprechen kann, äußert seinen Unmut mit Weinen und Schreien. Immer wenn aus dem Garten Geschrei zu hören ist, tritt der Vater der beiden vor die Haustür und ermahnt sie, still zu sein. Andernfalls, so droht er, sollten sie ins Haus kommen. Allerdings macht er seine Drohungen nicht ein einziges Mal wahr. Als das ältere Kind den Vater schließlich um Hilfe ruft, weil sein kleiner Bruder in den Bach gefallen ist, wiederholt er lediglich seine Drohung, in der Annahme, die beiden seien bloß wieder in Streit geraten.	*Hauptteil, 1. Teil:* Inhaltsangabe (2): zusammenfassende Darstellung des Handlungsverlaufs
Der Vater hat anscheinend nicht verstanden, dass sich sein jüngster Sohn am Ende in Lebensgefahr befindet. Für ihn hört sich das Schreien anscheinend immer gleich an, und er reagiert darauf jedes Mal nur mit der gleichen Drohung: „Wer brüllt, kommt rein." Insgesamt sechsmal spricht er sie aus (Z. 8 f., 13 f., 20, 23, 39, 43 f.). Deshalb merkt er nicht, dass sein älteres Kind am Schluss um Hilfe ruft.	*Hauptteil, 2. Teil:* deutende Aussagen mit Textbelegen und Erläuterungen: Vater hat Gefahr nicht verstanden
Dabei hört sich das Schreien durchaus unterschiedlich an: Mal heißt es, dass das kleine Kind „schreit" (Z. 7), an anderer Stelle heißt es, dass es „schluchzt" (Z. 18), und an wieder einer anderen Stelle verwendet der Erzähler gleich mehrere Verben – „schluchzen", „quietschen", „jaulen" und „quengeln" (vgl. Z. 27 f.) –, um die Wut und Hilflosigkeit des kleinen Kindes zum Ausdruck zu bringen. Dagegen bezeichnet er die Äußerungen des größeren Kindes immer nur mit dem Verb „rufen" (Z. 36, 40).	Schreien klingt unterschiedlich
Dass der Lärm, der von den Kindern ausgeht, für den Vater stets gleich klingt, ist schon daran zu erkennen, dass er immer das gleiche Verb benutzt, um ihre Lautäußerungen zu bezeichnen: „brüllen".	Lärm der Kinder klingt für Vater immer gleich
Da das Schreien der Kinder bei genauem Hinhören aber ganz unterschiedlich klingt, müsste ihm eigentlich klar sein, dass es jeweils unterschiedliche Anlässe für ihr Schreien geben muss. Doch das nimmt er anscheinend gar nicht wahr. Jedenfalls fragt	unterschiedliches Schreien → unterschiedliche Gründe

er niemals nach Gründen für ihren Streit. Klar ist ihm wohl nur eines: dass sie sich um den Schlitten streiten.

Genau genommen ist er sogar derjenige, der den Streit unter den Kindern verursacht hat, denn sie haben zu zweit nur einen Schlitten, und das, obwohl sie unterschiedlichen Alters sind: Da das kleine Kind noch nicht einmal sprechen kann, dürfte es kaum zwei Jahre alt sein. Das größere Kind muss dagegen schon einige Jahre älter sein, denn es kann die Gefahr, in die sein kleiner Bruder geraten ist, schon richtig einschätzen und weiß genau, dass es den Vater jetzt um Hilfe rufen muss, obwohl dieser das Schreien ausdrücklich verboten hat. So ist es kein Wunder, dass es nicht friedlich zugeht, wenn sich die Kinder beim Rodeln mit dem Schlitten abwechseln sollen. Eigentlich ist es nicht zu verstehen, dass sie nur einen Schlitten haben. Immerhin sind die Eltern wohlhabend genug, um sich ein eigenes Haus leisten zu können. Das lässt der Erzähler den Leser gleich zu Anfang des Textes wissen (vgl. Z. 1).

Vater hat Streit eigentlich verursacht → unverständlich: Warum nur ein Schlitten für zwei Kinder?

Noch weniger ist es zu verstehen, dass der Vater sie ganz allein draußen spielen lässt. Die Situation im Garten ist ja keinesfalls ungefährlich; schließlich fließt ein Bach hindurch (vgl. Z. 2). So kleine Kinder dürfte man dort also gar nicht unbeaufsichtigt rodeln lassen. Ein solches Verhalten ist verantwortungslos. Der Vater ist offenbar recht egoistisch. Jedenfalls hat er das Wohl seiner Kinder nicht im Auge. Wichtig scheint ihm nur zu sein, dass er seine Ruhe hat. Auch ist er als Erzieher sehr inkonsequent, da er immer nur Drohungen ausspricht, ohne sie wahr zu machen. So ist es verständlich, dass die Kinder nicht auf ihn hören und sich immer weiter um den Schlitten streiten.

Vater verantwortungslos

Vater anscheinend egoistisch,

als Erzieher inkonsequent

Trotzdem scheint das ältere Kind einigermaßen Respekt vor seinem Vater zu haben. Als es dem Kleinen einmal den Schlitten weggenommen hat und dieser seiner Wut daraufhin lauthals Luft macht (vgl. Z. 27 f.), erscheint der Vater sogleich wieder in der Tür – und da gibt das ältere Kind seinem Bruder den Schlitten sicherheitshalber sofort zurück (vgl. Z. 29 f.). Es will anscheinend nicht riskieren, ins Haus gehen zu müssen.

Respekt des älteren Kindes vor dem Vater

Ob das kleine Kind aus seiner lebensgefährlichen Lage gerettet wird, bleibt offen. So lässt die Geschichte den Leser ziemlich ratlos zurück. Nur in einem dürfte für ihn Klarheit herrschen: Der Vater ist für sein Verhalten zu verurteilen.

Zwischenergebnis: Ausgang der Handlung offen, Verhalten des Vaters zu verurteilen

Die Überschrift „Schlitten fahren" weist mit ihrer Doppeldeutigkeit schon darauf hin: Während die Kinder fröhlich mit dem Schlitten im Schnee spielen wollen, zeigt er sich nur ungedul-

Deutung der Überschrift

dig und böse, indem er mit ihnen „Schlitten fährt", also mit ihnen schimpft. Ein verständnisvoller Vater ist er somit nicht. Seine Interessen und die Interessen seiner Kinder passen nicht zusammen.
Doch der auktoriale Erzähler äußert an keiner Stelle eine direkte Kritik am Vater. Geradezu unterkühlt erzählt er das Geschehen: Er verwendet äußerst einfache Wörter aus der Alltagssprache (z. B. „Garten", Z. 1 f., „Tür", Z. 9, 16, 25..., „Kind", Z. 3–5, 11..., „Mann", Z. 8, 12, 16...). Und auch der Satzbau ist sehr einfach und monoton: Es gibt nur Hauptsätze, die noch nicht einmal durch Konjunktionen oder Adverbien miteinander verbunden sind. So wirkt die Darstellung geradezu kindlich-naiv.

Hauptteil, 3. Teil:
Besonderheiten der Darstellung: einfache Wortwahl, monotoner Satzbau → Darstellung wirkt unterkühlt

Es gibt nur ein einziges Wort, das vom üblichen Sprachgebrauch abweicht: das Wort „Eigenheim" (Z. 1). Somit scheint es sich bei diesem Wort um einen Schlüsselbegriff zu handeln. Anscheinend will der Erzähler damit sagen, dass dieses Wort eine herausragende Bedeutung hat. Auf keinen Fall handelt es sich dabei um ein Wort aus der Alltagssprache. Eher kennt man es aus der Werbung für Immobilien. Wahrscheinlich soll damit ausgedrückt werden, dass es den Eltern wichtig ist, ihre materiellen Ziele zu verwirklichen – in diesem Fall: den Besitz eines eigenen Hauses.

Ausnahme in der Wortwahl: „Eigenheim" → Schlüsselbegriff

Genau genommen übt die Kurzgeschichte indirekt auch Kritik an der Gesellschaft: Materielles hat für die Erwachsenen anscheinend eine größere Bedeutung als das Wohlergehen der Kinder – diesen wird nicht einmal richtig zugehört. Dass diese Haltung geradezu gefährlich sein kann, zeigt der Ausgang der Geschichte.

Ergebnis:
Kritik an der Gesellschaft: Materielles wichtiger als Wohlergehen der Kinder

Ü 31: „Bloß keine Panik!" – Analyse eines Sachtextes

Der Text „Bloß keine Panik", erschienen im Magazin Geo im Oktober 2009, befasst sich mit dem Verhalten von Menschen, die in eine Katastrophensituation geraten. Dabei wird vor allem der Frage nachgegangen, ob Angehörige verschiedener Kulturen in Krisensituationen unterschiedlich reagieren.

Einleitung: Basisinformationen knappe Zusammenfassung des Inhalts

Der Verfasser bezieht sich auf eine Studie, an der 20 Wissenschaftler aus acht europäischen Staaten beteiligt gewesen sind. Die Ergebnisse dieser Studie hätten unter anderem gezeigt, dass Menschen während einer Katastrophe keineswegs panisch reagieren. Auch gebe es keine kulturell bedingten Verhaltensunterschiede.

Hauptteil, 1. Teil: Einzelheiten des Inhalts

Dem eigentlichen Text ist ein Vorspann vorangestellt, in dem die wesentlichen Inhalte knapp zusammengefasst dargestellt sind. Auf diese Weise erhält der Leser vorab Informationen über das, was ihn bei der Lektüre erwartet.

Aufbau des Textes

Die nachfolgende Darstellung beginnt mit einem Witz, anhand dessen der Verfasser die gängigen Vorurteile über das Panikverhalten von Menschen aus unterschiedlichen Ländern veranschaulicht. Beschrieben werden die Reaktionen eines Amerikaners, eines Italieners und eines Deutschen, die auf eine U-Bahn warten, als im Tunnel unerwartet ein Feuer ausbricht.

Beginn des eigentlichen Textes mit einem Witz → spiegelt gängige Vorurteile gegenüber Amerikanern, Italienern und Deutschen wider

Den Vorurteilen nach würde der Amerikaner „blindlings" (Z. 4) weglaufen, der Italiener würde nach seiner Mutter rufen und der Deutsche würde verärgert reagieren, weil die U-Bahn auf sich warten lässt. Demnach verhalten sich Amerikaner in einer Katastrophensituation egoistisch, planlos und hysterisch, die Italiener werden zu kindischen, unreifen Muttersöhnchen, und die Deutschen sind stur und gefühllos, denn für sie sind Pünktlichkeit und geregelte Abläufe das Wichtigste, unabhängig von der Situation, in der sie sich befinden.

Nach diesem Beispiel nennt der Verfasser in Kürze die zentrale Fragestellung der Studie und erklärt das Vorgehen der Forscher: Sie wollten herausfinden, wie Menschen aus unterschiedlichen Kulturen in Katastrophensituationen reagieren, und befragten deshalb Personen verschiedener Herkunft, die kurz zuvor eine Katastrophe erlebt hatten, nach ihren Erfahrungen. Dabei waren nicht nur die Verhaltensweisen bei größeren Katastrophen, z. B. am 11. September 2001, von Interesse, sondern auch eher alltägliche Katastrophen wie Brände. Begründet wird das damit, dass gewöhnliche Krisensituationen in der

zentrale Fragestellung der Studie: Verhalten in Krisensituationen

Vorgehen der Forscher: Befragung von Personen nach einer Katastrophe

gewöhnliche Katastrophen von besonderem Interesse

A Die Abschlussprüfung – Training und Tipps

Regel nach einem ähnlichen Muster ablaufen. So konnte man die Verhaltensweisen der Beteiligten vergleichen, um mögliche Unterschiede festzustellen.
Laut Text haben die Interviews mit den befragten Personen zu folgenden Ergebnissen geführt: In Katastrophensituationen sind Panikreaktionen eher selten. Und: Anders als die gängigen Vorurteile es vermuten lassen, unterscheiden sich Angehörige unterschiedlicher Kulturen bezüglich ihrer Verhaltensweisen in Paniksituationen so gut wie gar nicht. Darüber hinaus hat sich gezeigt, dass Menschen in Notsituationen keineswegs egoistisch handeln, sondern eher versuchen, anderen zu helfen.
Die Ergebnisse stellt der Verfasser dar, indem er Aussagen der Projektleiterin von der Universität Greifswald wiedergibt. Sie fasst nicht nur die entscheidenden Ergebnisse zusammen, sondern veranschaulicht diese auch anhand von Beispielen: Sogar Personen, die sich selbst als ängstlich einschätzten – beispielsweise solche, die sich im Alltag vor Handystrahlen fürchten – hätten in einer Krise vernünftig und besonnen reagiert (vgl. Z. 35–39). Die Annahme, Krisensituationen würden bei den Betroffenen panische Reaktionen auslösen, sei damit widerlegt. Ebenso sei das Vorurteil widerlegt, dass Angehörige unterschiedlicher Kulturen in Katastrophen unterschiedlich reagieren würden. Es gebe allerdings Ausnahmen: Türken etwa neigten eher als Angehörige anderer Kulturen dazu, in einer Katastrophensituation unüberlegt zu handeln, z. B. indem sie bei Ausbruch eines Feuers voreilig vom Balkon springen würden (vgl. Z. 43–50).
Der Text schließt mit dem Hinweis, dass es den Forschern nicht in erster Linie darum gegangen sei, Vorurteile zu entkräften, sondern darum, aus den Forschungsergebnissen einen praktischen Nutzen zu ziehen. Die Studienergebnisse sollten helfen, Fluchtwege effektiver zu gestalten, und Helfer dazu befähigen, bei ihren Einsätzen auch auf kulturelle Besonderheiten der in Not Geratenen zu achten. Das sei bei immer häufiger vorkommenden länderübergreifenden Hilfseinsätzen auch erforderlich.
Im ganzen Text gibt der Verfasser deutlich zu verstehen, dass es ihm nicht darum geht, Tatsachen zu beschreiben, die er selbst festgestellt hat. Er macht deutlich, dass er an der Studie, deren Ergebnisse er vorstellt, nicht selbst beteiligt war. Immer wieder verweist er auf die Ergebnisse der Untersuchung, um das klarzustellen. Außerdem zitiert er die Projektleiterin von

Ergebnisse:
Panikreaktionen eher selten

keine Unterschiede zwischen Kulturen

kein Egoismus in Notsituationen

Zusammenfassung und Veranschaulichung der Ergebnisse:

vernünftiges und besonnenes Verhalten in Krisensituationen;

keine kulturellen Unterschiede;

Ausnahme: Türken

Nutzen der Studie: nicht nur Entkräften von Vorurteilen, sondern auch praktischer Nutzen

Hauptteil, 2. Teil:
Besonderheiten der Darstellung:
keine Tatsachenbeschreibung

der Universität Greifswald. Dass es sich nicht um eine Tatsachenbeschreibung handelt, zeigt sich auch an dem wechselnden Gebrauch von direkter und indirekter Rede, z. B. bei der Wiedergabe der Äußerungen der Projektleiterin (vgl. Z. 31–39, 43–50).

wechselnder Gebrauch von direkter und indirekter Rede

Obwohl der Text die Ergebnisse einer wissenschaftlichen Untersuchung darstellt, wirkt er nicht trocken, und er ist auch nicht schwer zu verstehen. Das liegt insbesondere daran, dass der Verfasser immer wieder Beispiele anführt, sowohl in seiner eigenen Darstellung (vgl. Z. 1–7) als auch bei der Wiedergabe von Worten der Projektleiterin (vgl. Z. 35–39). Auf diese Weise gelingt es ihm, den Sachverhalt so zu veranschaulichen, dass der Leser keine Verständnisprobleme hat.

Text anschaulich und leicht verständlich

Grund: Anführen von Beispielen

Wahrscheinlich wendet sich der Text an interessierte Laien und nicht an Fachleute. Hin und wieder verwendet der Verfasser zwar Fremdwörter, die man im alltäglichen Sprachgebrauch nicht verwenden würde, z. B. Wörter wie „altruistisch" (Z. 51), aber im Großen und Ganzen ist die Sprache auch für Nicht-Fachleute gut zu verstehen.

Adressaten: interessierte Laien

nur gelegentlich Fremdwörter, keine schwierige Sprache

Ich finde die Ergebnisse der Studie interessant. Mir gefällt auch, dass es den Forschern gelungen ist, Vorurteile zu widerlegen. Allerdings frage ich mich doch, ob es wirklich stimmt, dass Menschen in Katastrophensituationen nicht panisch reagieren. Der Ablauf der Katastrophe bei der Love-Parade 2010 in Duisburg spricht eigentlich dagegen: Wegen des dichten Gedränges sind viele Raver dort in und vor dem Tunnel in Panik geraten, und zwar so stark, dass sie gnadenlos über Menschen hinweggelaufen sind, die am Boden lagen. Am Ende gab es 21 Tote. Wahrscheinlich haben die Forscher bei ihren Befragungen keine Katastrophen berücksichtigt, die durch Gedränge entstanden sind. Jedenfalls ist die Katastrophe in Duisburg nicht gerade geeignet, die Forschungsergebnisse zu bestätigen!

Schluss:
persönliche Reaktion auf den Text

Gegenbeispiel: Panikreaktionen auf der Love-Parade 2010 in Duisburg

Ü 32: Peter Fox „Das zweite Gesicht" – Analyse eines Songtextes

In dem aus dreizehn Strophen bestehenden Songtext „Das zweite Gesicht" von Peter Fox, erschienen im Jahr 2008, macht sich der lyrische Sprecher Gedanken über die unkontrollierten Wutausbrüche, zu denen er sich regelmäßig hinreißen lässt.
Einleitung:
Inhaltsangabe (1):
Basisinformationen

Aus Erfahrung weiß er, dass er dazu neigt, seine Aggressionen an anderen auszulassen, auch wenn er das in seinem Inneren gar nicht will. Es genügt, dass jemand ihm mit seinen Ansichten oder seinem Verhalten in die Quere kommt, und schon kann er sich nicht mehr kontrollieren. Ihm ist klar, dass er sich selbst und seinen Mitmenschen damit schadet, und schon am nächsten Tag bereut er es, wenn er wieder einmal die Kontrolle über sich verloren hat. Trotzdem kann er sich nicht beherrschen. Er hat sich auch längst damit abgefunden, dass es etwas Böses in ihm gibt, das nach außen drängt. Das bezeichnet er als sein „zweites Gesicht".
Hauptteil, 1. Teil:
Inhaltsangabe (2):
Gedanken des lyrischen Sprechers:
Problem mit der Kontrolle seiner Aggressionen

In den ersten Strophen beschreibt der lyrische Sprecher, wie es dazu kommt, dass er gegenüber einer anderen Person aggressiv wird: Es passt ihm nicht, was sie tut oder sagt („Gleich geht jemand hier zu weit", V. 2). Er merkt dann, wie er innerlich aggressiv wird: „Die Stimme bebt und der Blick ist Eis" (V. 1), und schließlich schleudert er seinem Gegenüber böse Worte entgegen („die Zunge ist geladen und bereit / Die Wörter von der Leine zu lassen [...]", V. 3 f.).
Hauptteil, 2. Teil:
deutende Aussagen mit Textbelegen und Erläuterung:

Gründe für das Entstehen der Aggressionen

Eine Zeit lang geht es ihm gut, wenn er dem anderen seine Meinung gesagt hat („Du triumphierst", V. 7). Doch er weiß auch: Schon am nächsten Tag wird es ihm leid tun, dass er jemanden verletzt hat.
Folgen des aggressiven Verhaltens

Ihm ist außerdem klar, dass es in der Regel Nichtigkeiten sind, die ihn aggressiv machen („Hahnenkampf um einen Haufen Mist", V. 9). Entscheidend ist, dass er sich als Sieger fühlen kann („Einem Dummen zeigen, dass du schlauer bist", V. 12).
Bewertung der Anlässe als Nichtigkeiten

In den Strophen vier, fünf und sechs, die am Schluss des Songtextes noch einmal als Refrain wiederholt werden, stellt der lyrische Sprecher sein aufbrausendes Verhalten bildhaft so dar, als gebe es ein böses Tier („Ein Biest", V. 17), das in ihm steckt. Normalerweise hat er dieses „Biest" unter Kontrolle; es ist in einem Käfig eingeschlossen. Doch irgendwann drängt es nach draußen, und die Käfigtür öffnet sich (vgl. V. 15). Dies geschieht Tag für Tag, das ganze Leben lang („Vom Laufstall bis ins Grab", V. 20).
Refrain-Strophen:
Vorstellung von einem bösen Tier in ihm

Immer, wenn sich der lyrische Sprecher von anderen daran gehindert sieht, seinen vorgesehenen Weg zu verfolgen („Du willst nach vorn, die anderen wollen zurück", V. 25), dringt das Böse in ihm nach außen. Wenn er das Gefühl hat, jemand würde ihm bei seinem Streben nach Glück im Wege stehen („Jemand steht zwischen dir und deinem Glück", V. 27), macht ihn das „rasend"; er kann das „nicht ertragen" (V. 28).

Situationen, in denen der lyrische Sprecher aggressiv wird

Obwohl er seine aggressiven Ausbrüche durchaus kritisch sieht und auch merkt, dass sie nicht richtig sind („Du bist grad sensationell daneben", V. 30), und obwohl er weiß, dass er sich selbst damit schadet, hat er sich dann nicht mehr unter Kontrolle: „Du siehst die Wand und fährst dagegen" (V. 32).

Selbstkritik des lyrischen Sprechers

Nicht immer sind es nur verbale Entgleisungen, die ihm entfahren. Es kommt auch vor, dass er sich falsch verhält, z. B. wenn er andere belügt oder betrügt, um ihnen gegenüber bloß nicht als Verlierer dazustehen („Du spielst falsch, um nicht zu verlieren", V. 33), oder wenn er sich dazu hinreißen lässt, mit der Frau seines Freundes fremdzugehen („Die Frau deines Freundes kommt mit zu dir", V. 36). Innerlich gesteht er sich damit ein, dass er sich nicht nur gegenüber anderen zur Wehr setzt, sondern dass er sie auch zu Opfern macht. Aber das hindert ihn nicht. Er drückt das so aus: „Dein Gewissen ist betrunken" (V. 35).

Einsicht in Fehlverhalten

Trotz dieser Einsichten in sein Fehlverhalten hat der lyrische Sprecher, wie er sich eingesteht, die negativen Tendenzen, die er in sich fühlt, nicht unter Kontrolle. Er hat sich damit abgefunden, dass er zwei Gesichter hat: ein gutes und ein schlechtes. Am Schluss bringt er das noch einmal deutlich auf den Punkt: „Ein Biest lebt in deinem Haus / Du schließt es ein, es bricht aus" (V. 42 f.).

Eingeständnis: hat seine schlechten Seiten nicht unter Kontrolle

Die letzte Strophe fasst die Gedanken des lyrischen Ichs noch einmal wie ein Ergebnis zusammen. Das wird schon daran deutlich, dass diese Strophe verkürzt ist: Während die anderen zwölf Strophen durchgängig aus vier Versen bestehen, ist die letzte Strophe auf zwei Verse verknappt. Dadurch erhalten die Schlussworte eine zusätzliche Betonung.

Zwischenergebnis: *zusammengefasst in der letzten Strophe*

Der Song wirkt wie ein Selbstgespräch des lyrischen Sprechers: Mit dem Pronomen „du" spricht er sich regelmäßig direkt an (z. B.: „[…] wenn du triffst", V. 6, oder: „wenn du in der Wanne sitzt", V. 11). Das passt zu seiner Vorstellung von dem „zweiten Gesicht". Man bekommt den Eindruck, dass es in Wirklichkeit zwei Personen sind, die hier eine Einheit bilden („[…] es steckt mit dir unter einer Haut", V. 13).

Hauptteil, 3. Teil:

Besonderheiten der Darstellung: lyrischer Sprecher spricht sich selbst direkt an → *wie Selbstgespräch*

In diesem Selbstgespräch verwendet der lyrische Sprecher oftmals sprachliche Bilder, meistens Metaphern. Schon die Vorstellung von dem „Biest", das in ihm steckt und das er nicht dauerhaft in einem Käfig eingesperrt halten kann, ist eine Metapher. Daneben gibt es noch eine Reihe weiterer Metaphern, z. B. von den „Pfeilspitzen voller Gift" (V. 5), von dem „Hahnenkampf um einen Haufen Mist" (V. 9) oder von dem Versuch, „vom Gas zu gehen", was ihm nicht gelingt, weil sein Fuß „grad gelähmt" (V. 31) ist. Auch einige Personifikationen kommen vor, z. B. personifiziert der lyrische Sprecher seine Zunge, die „geladen" ist und „bereit / Die Wörter von der Leine zu lassen" (V. 3 f.). Mit den Sprachbildern veranschaulicht der lyrische Sprecher seine Gedanken. Sie alle zeigen, dass er sich als Getriebener sieht, der nicht anders handeln kann.

viele Sprachbilder:

Metaphern

Personifikationen

Wirkung: Veranschaulichung, der lyrische Sprecher als Getriebener

Geprägt ist der Songtext auch durch die Gegenüberstellung von Gegensätzen (z. B.: „Du schließt es ein, es bricht aus", V. 22, oder: „Du willst nach vorn, die anderen wollen zurück", V. 25). Durch diese Gegensätze wird deutlich, dass der lyrische Sprecher hin- und hergerissen ist, zum einen zwischen den beiden Gesichtern, die er in sich spürt, zum anderen zwischen seinen Vorstellungen und Wünschen und den Hindernissen, die sich ihm in den Weg stellen.

Gegenüberstellung von Gegensätzen

Wirkung: Hin-und-Hergerissen-Sein des lyrischen Sprechers

Wegen dieses Hin-und-Hergerissen-Seins ist der lyrische Sprecher einerseits zu bemitleiden. Jedenfalls bringt er in dem Text zum Ausdruck, dass er nicht zur Ruhe kommt, weil er Tag für Tag diesen Kampf gegen das ungeliebte „zweite Gesicht" austrägt. Dabei hat er längst begriffen, dass er diesen Kampf nicht gewinnen wird. Anderseits ist er auch dafür zu kritisieren, dass er sehenden Auges ‚gegen die Wand' (vgl. V. 32) fährt und dass sein Verhalten immer wieder dazu führt, dass er sich andere zum Feind macht (vgl. V. 4). Auch weiß er, dass er nicht nur sich selbst schadet: Immer wieder hat er vor, andere zu Fall zu bringen; er scheut nicht davor zurück, jemanden zu „opfern", und sei es auch nur „für einen lauen Witz" (V. 10). Insofern finde ich, dass dieses Klagelied um das „zweite Gesicht", das sich nicht beherrschen lässt, ziemlich wehleidig ist. Mein Mitleid mit dem lyrischen Sprecher hält sich daher in Grenzen.

Ergebnis:
lyrischer Sprecher zu bemitleiden,

aber auch zu kritisieren

Ü 33: Friedrich Schiller „Der Verbrecher aus verlorener Ehre" – Eine literarische Figur charakterisieren

Christian Wolf ist die Hauptfigur aus Friedrich Schillers Erzählung „Der Verbrecher aus verlorener Ehre". Er ist der Sohn eines Gastwirts und wächst in ärmlichen Verhältnissen auf. Bis zum 20. Lebensjahr hilft er seiner Mutter in der Gastwirtschaft, nachdem sein Vater gestorben ist. Später wird er zum Wilddieb.

Einleitung:
Vorstellen der Person

Schon als Kind wirkt er von seinem Äußeren her hässlich. Seine Gestalt ist klein und unscheinbar (vgl. Z. 13), sein Haar ist stark gewellt und auffallend dunkel („krauses Haar von einer unangenehmen Schwärze", Z. 13 f.) und seine Gesichtszüge wirken missgestaltet: Er hat „eine plattgedrückte Nase und eine geschwollene Oberlippe" (Z. 15 f.). Letztere ist nach dem Schlag durch ein Pferd außerdem verzerrt („aus ihrer Richtung gewichen", Z. 18).

Durch seine Hässlichkeit wirkt er auf andere Menschen abschreckend, besonders auf Frauen. Er leidet unter seinem abstoßenden Äußeren, zumal er deshalb von seinen Kameraden gehänselt wird: Seine Erscheinung bietet „dem Witz seiner Kameraden eine reichliche Nahrung" (Z. 21 f.). Sein Geist ist aber munter und einfallsreich (vgl. Z. 11), und er ist auch sensibel (vgl. Z. 25). Weil er es nicht erträgt, von anderen immer zurückgewiesen zu werden, versucht er durch freches Verhalten auf sich aufmerksam zu machen. Schon als Schuljunge hält man ihn „für einen losen Buben" (Z. 7). Damit beeindruckt er aber nur die Jungen: Aufgrund seiner Frechheiten huldigen die Knaben „seinem erfinderischen Kopfe" (Z. 10). Die älteren Mädchen dagegen beklagen sich nur darüber (vgl. Z. 8 f.).

Hauptteil:
Charakterzüge, dargestellt am Textzusammenhang:

intelligent, einfallsreich

frech

Doch gerade dem anderen Geschlecht möchte er gefallen, was ihm aber zunächst nicht gelingt. Als er ein Mädchen namens Hannchen umwirbt, weist diese ihn anfangs ab (vgl. Z. 26 f.). Aber er lässt sich so schnell nicht entmutigen und sucht nach einem anderen Weg, um sie für sich zu gewinnen. Weil er weiß, dass sie arm ist, will er sie durch Geschenke für sich einnehmen.

möchte gefallen

lässt sich nicht schnell entmutigen

Allerdings ist er selbst auch arm („ihn selbst drückte Mangel", Z. 33), und sein vergebliches Bemühen darum, hübsch auszusehen („der eitle Versuch, seine Außenseite geltend zu machen", Z. 33 f.), hat seine finanzielle Lage weiter verschlechtert. Weil er geschäftlich unerfahren ist („unwissend, einem

arm

geschäftlich unerfahren

zerrütteten Hauswesen durch Spekulation aufzuhelfen", Z. 37–39) und auch „zu stolz" (vgl. Z. 39), zu „bequem" (Z. 37) und „zu weichlich" (Z. 40), um sich seinen Lebensunterhalt durch harte Arbeit als Bauer zu verdienen, wählt er den illegalen Weg, indem er zum Wilddieb wird. Den Erlös von dem verkauften Wild nutzt er, um davon Geschenke für sein Hannchen zu kaufen („der Ertrag seines Raubes wanderte treulich in die Hände seiner Geliebten", Z. 49–51).

Er ist nicht der Einzige, der diesen „Ausweg, *honett zu stehlen*" (Z. 46 f.) ergreift; „Tausende vor ihm und nach ihm" (Z. 44 f.) haben das auch getan. Zum Verhängnis wird ihm aber, dass es einen anderen jungen Mann gibt, der ebenfalls um Hannchen wirbt. Dieser lauert ihm auf, um ihn aus dem Weg zu räumen. So wird Christian Wolf verhaftet und zu einer Zuchthausstrafe verurteilt. *Wilderei allgemein üblich*

Um der Haftstrafe zu entgehen, kauft er sich frei. Dafür opfert er all das Geld, das er durch die Wilderei hat zusammenlegen können. Jetzt ist er aber wieder arm, und von diesem „Bettler" (Z. 78) wendet Hannchen sich erneut ab. Er erträgt das nicht, und so wird er rückfällig und fängt wieder an zu wildern. Diesmal geht es ihm aber nicht nur darum, das geliebte Mädchen wieder für sich zu gewinnen, sondern die Armut zwingt ihn fast dazu, denn er leidet Hunger (vgl. Z. 84 f.). Es ist die Not, gepaart mit Eifersucht, die ihn antreibt. Er hat jetzt keine Kontrolle mehr über seine übermächtigen Gefühle. Da er empfindlich ist (vgl. Z. 84), leidet er ganz besonders unter „beleidigtem Stolze" (Z. 82 f.), und es drängt ihn, sich an dem zu rächen, der ihn vor Gericht gebracht hat.

will der Haftstrafe entgehen, kauft sich frei

ist wieder arm → Zurückweisung

wird rückfällig

Not und Eifersucht als Handlungsmotive

keine Kontrolle über seine Gefühle,

will sich rächen

Christian Wolf ist von Anfang an benachteiligt. Er ist nicht nur auffallend hässlich, sondern wächst auch in ärmlichen Verhältnissen auf und wird früh Halbwaise. Aufgrund seiner Hässlichkeit erfährt er überall nur Zurückweisung. Dass er versucht, durch freches Verhalten bei anderen Beachtung zu finden, und dass er am Ende keinen anderen Ausweg weiß, als zu wildern, kann man ihm eigentlich nicht übel nehmen, zumal die Wilderei in der Gegend sogar allgemein üblich ist. Dass er erwischt und bestraft wird, liegt nur daran, dass er beim Werben um ein Mädchen auf einen Konkurrenten trifft, der danach trachtet, ihn auszuschalten. Genau genommen ist er sowohl Täter als auch Opfer, wie schon sein Name andeutet: Christian ist ein typisch christlicher Name, und der Wolf gilt als böses Tier. Es steckt also beides in ihm: das Gute und das Böse.

Schluss:
Christian Wolf von Anfang an benachteiligt

wird frech, fängt an zu wildern, weil er keinen anderen Ausweg weiß

ist sowohl Täter als auch Opfer

Ü 34: „Nebenjobs für Schüler" – Ein Argument ausformulieren

These	Es ist nicht gut, wenn Schüler nachmittags einen Nebenjob an-
Begründung	nehmen. Sie sollten sich besser auf die Schule konzentrieren.
	Nach sechs bis acht Stunden Unterricht sind sie ohnehin erst
Veranschau-	mal erschöpft. Außerdem sind die Pflichten für sie noch nicht zu
lichung durch	Ende, denn es müssen in der Regel noch Hausaufgaben gemacht
Beispiele	werden. Vielleicht erwarten die Eltern auch ihre Hilfe im Haus-
Weitere Erläute-	halt. Wenn ein Schüler dann zusätzlich arbeitet, um Geld zu
rungen zur Be-	verdienen, besteht die Gefahr, dass das Lernen für die Schule zu
gründung	kurz kommt. Darunter leiden möglicherweise seine Leistungen,
	und im schlimmsten Fall ist sogar der Schulabschluss gefährdet.
Schlussfolgerung	Jugendliche sollten also besser keinen Nebenjob annehmen,
Bekräftigung	solange sie noch die Schule besuchen.

Ü 35: „Strafe für Eltern von Schulschwänzern?" – Stellungnahme schreiben

Ich finde es nicht richtig, wenn Eltern, deren Kinder die Schule schwänzen, das Kindergeld entzogen wird. Das wäre der falsche Weg – und er würde nichts bewirken!

Einleitung:
Benennen der eigenen Position

Natürlich sind in erster Linie die Eltern dafür verantwortlich, dass ihre Kinder die Schulpflicht erfüllen. Ich kann mir allerdings nicht vorstellen, dass es Väter oder Mütter gibt, die bewusst dagegen verstoßen. Dabei geht es gar nicht in erster Linie um die Erfüllung einer Pflicht, auch wenn das Gesetz es so bestimmt. Jeder weiß doch, wie wichtig der Schulbesuch ist. Wer wird es denn gezielt darauf anlegen, die eigenen Kinder vom Unterricht fernzuhalten? Eher wird es so sein, dass ein Kind, das anfängt zu schwänzen, Probleme hat – entweder mit den Lehrern oder mit Mitschülern oder mit den Eltern. Wer meint, diese Probleme ließen sich durch Geldstrafen lösen, irrt sich gewaltig.

Hauptteil:
Entkräften eines möglichen Arguments der Gegenposition (zu Stichwort Nr. 9)

Viel wichtiger wäre es herauszufinden, welches die Gründe sind, die einen Schüler dazu bringen, die Schule zu schwänzen. Nur wenn man hier ansetzt, wird man Erfolg haben. Es kann z. B. sein, dass ein Kind in der Schule gemobbt wird und sich nicht traut, mit seinen Eltern darüber zu reden, vielleicht weil es sich dafür schämt, Mobbingopfer zu sein. Um seinen Peinigern nicht weiter ausgesetzt zu sein, vermeidet es eben den Besuch der Schule. Vor seinen Eltern wird es das aber geheim halten, denn sie sollen ja gerade nichts von den Problemen mit den Mitschülern erfahren. Angenommen, man würde den El-

Erstes Argument (zu Stichwort Nr. 3)

tern nun das Kindergeld entziehen, dann bekäme das Kind doppelte Schwierigkeiten: Zu den Problemen mit den Mitschülern kämen noch die Probleme mit den Eltern hinzu.
Besser wäre es, wenn der Klassenlehrer oder die Klassenlehrerin die betroffenen Eltern kontaktieren würde. In der Regel geschieht das ja auch. Aber es kann trotzdem sein, dass dabei der falsche Weg gewählt wird. Wenn der Kontakt sich beispielsweise darin erschöpft, dass den Eltern ein Brief nach Hause geschickt wird, in dem ihnen mitgeteilt wird, dass ihr Kind mehrmals unentschuldigt gefehlt hat, dann wird das nicht viel ändern. Zwar wird es dann wahrscheinlich zu einem Gespräch zwischen Eltern und Kind kommen, aber vermutlich wird das Kind abwiegeln, irgendwelche Versprechungen machen – und bei der nächsten Gelegenheit wieder nicht zum Unterricht erscheinen. Richtiger wäre es, wenn der Lehrer oder die Lehrerin die Eltern zu einem Gespräch in die Schule bitten würde. Dann könnten beide Seiten gemeinsam nach den möglichen Gründen für das Schulschwänzen forschen, und sie könnten versuchen, für Abhilfe zu sorgen. Das wäre wirkungsvoller als der Entzug des Kindergeldes.

Zweites Argument (zu Stichwort Nr. 4)

Ohnehin stellt sich die Frage, ob diese Forderung überhaupt durchsetzbar ist. Denn eine solche Strafe würde die betroffenen Eltern nicht gleichermaßen treffen. Reiche Eltern kümmert es vielleicht gar nicht besonders, wenn ihnen das Kindergeld gestrichen wird. Für arme Eltern ist das Kindergeld dagegen ein nötiger finanzieller Zuschuss, der ihnen hilft, den Lebensunterhalt der Familie zu sichern. Wenn ihnen der gestrichen würde, würden alle Familienmitglieder leiden, nicht nur die Eltern, die dadurch angeblich dafür bestraft werden sollen, dass sie es nicht schaffen, ihre Kinder in die Schule zu schicken. Ich nehme an, wenn diese Forderung tatsächlich durchgesetzt würde, dann würde sie wahrscheinlich vom Bundesverfassungsgericht sofort wieder gekippt, weil sie gegen den Gleichheitsgrundsatz verstößt. Und wem würde ein solches Hin und Her nützen? Den Schulschwänzern am allerwenigsten!

Drittes Argument (zu Stichwort Nr. 7)

Deshalb plädiere ich dafür, Schüler, die regelmäßig dem Unterricht fern bleiben, auf andere Weise wieder an den Schulbesuch heranzuführen. Ich kann mir nicht vorstellen, dass ein Kind wirklich freiwillig einen Bogen um die Schule macht. Schließlich ist dort auch der Ort, an dem es seine Freunde trifft. Entscheidend ist, dass man die Gründe für das Schwänzen aufdeckt – und eine Lösung für mögliche Probleme findet. Den Eltern das Kindergeld zu entziehen ist keine Lösung!

Ergebnis: Bekräftigung der eigenen Position

Ü 36: „Kinderarbeit" – Einen informierenden Text verfassen

Schreibplan:

Zwischen-überschriften	Einzelinformationen	Quellen
Einleitung Hinführung zum Thema	Kinderarbeit heute, z. B. Schuhputzer in Indien	C, D
Hauptteil (1) Definition von Kinderarbeit	• Arbeit von Kindern unter 15 Jahren • regelmäßiges Arbeiten für Geld • Produktion von Waren für den Handel	A A A
Hauptteil (2) Verbreitung und Häufigkeit von Kinderarbeit	• überwiegend in Entwicklungsländern, vor allem Lateinamerika, Südostasien, Afrika • auch in anderen Regionen (USA, Australien, Europa) • 215,3 Millionen Kinderarbeiter weltweit (im Alter von 5–17 Jahren) • in Asien und im Pazifikraum 113,6 Millionen, in Afrika mehr als 86 Millionen • Anzahl der arbeitenden Kinder in Afrika geringer als in Asien und dem Pazifikraum, aber Anteil in ihrer Altersgruppe in Afrika am höchsten: 25,3 Prozent (Asien/Pazifikraum: 13,3 Prozent)	C C C C C
Hauptteil (3) Ursachen von Kinderarbeit	• Armut in den Familien, Beispiel Schuhputzerjungen in Indien • Eltern oft verschuldet, Kinder auch „Schuldknechte" • Kinder müssen Eltern unterstützen • kulturell bedingt: Arbeit wird von Kindern erwartet (Zeichen der Dankbarkeit gegenüber Eltern) • Bürgerkriege/Verbreitung der Krankheit Aids → Kinder oft Waisen, müssen sich allein durchschlagen	E, D E D, E E E

A Die Abschlussprüfung – Training und Tipps | 43

Hauptteil (4) Folgen von Kinderarbeit	• schadet der Gesundheit der Kinder • mitunter sogar gefährlich • kein Schulbesuch → mangelnde Bildung, keine Berufsausbildung • kein Entrinnen aus der Armut im späteren Leben	B C B, D B
Hauptteil (5) Mögliches Vorgehen gegen Kinderarbeit	• Engagement von Hilfsorganisationen vor Ort • Verbraucher sollten beim Einkauf darauf achten, dass Waren nicht aus Kinderarbeit stammen: Orientierung am „Fair-Trade-Siegel" möglich	F F
Schluss Appell an die Eltern	Bitte an Eltern, künftig beim Einkaufen auf Produktionsbedingungen von Waren zu achten, möglich: Preiserhöhungen; Was ist wichtiger: niedrige Preise oder Rechte von Kindern?	F

Kind sein – das bedeutet für die meisten von uns: in einer Familie leben, Zeit zum Spielen haben, sich mit Freunden treffen. Doch die Wirklichkeit sieht für viele Kinder anders aus, und zwar weltweit. Ihr Alltag besteht aus Arbeit. Tag für Tag sind sie in der Landwirtschaft oder in der Industrie tätig oder sie erbringen Dienstleistungen, z. B. indem sie als Schuhputzer schuften.

Einleitung:
Vorstellungen vom Kindsein
Realität: weltweit Kinderarbeit

Man spricht von Kinderarbeit, wenn Kinder unter 15 Jahren regelmäßig einer Erwerbsarbeit nachgehen. Entscheidend ist dabei nicht nur das Alter; von Bedeutung sind vor allem die Häufigkeit des Arbeitens und der Zweck. Kinderarbeiter arbeiten regelmäßig, also Tag für Tag, und sie tun es, um Geld zu verdienen. Oft helfen sie dabei, Produkte herzustellen, die später auf dem Markt verkauft werden. Man weiß z. B., dass manche Teppiche von Kinderhand geknüpft sind.

Hauptteil (1):
Definition von Kinderarbeit

Kinderarbeit gibt es vor allem in Entwicklungsländern, das heißt in Asien, Afrika und Lateinamerika. Aber auch in anderen Regionen arbeiten Kinder, z. B. in den USA oder in Europa. Aber dort ist ihr Anteil vergleichsweise gering: Nur 6,7 Prozent aller Kinder gehen in diesen Teilen der Welt regelmäßig einer Arbeit nach, um Geld zu verdienen.

Hauptteil (2):
Kinderarbeit vor allem in Entwicklungsländern

Weltweit müssen über 215 Millionen Kinder und Jugendliche arbeiten. Diese Zahl umfasst sogar schon Kinder im Alter von

Häufigkeit von Kinderarbeit:

5 Jahren. Die größte Zahl an Kinderarbeitern findet man in Asien und im Pazifikraum (113,6 Millionen). Gemessen an allen Kindern und Jugendlichen, die in diesen Regionen leben, macht das einen Anteil von 13,3 Prozent aus. Im Vergleich zu Afrika ist das allerdings noch eine recht geringe Zahl. Dort, genauer gesagt südlich der Sahara, beträgt der Anteil der Kinder, die arbeiten, nämlich sogar 25,3 Prozent. In Afrika geht also jedes vierte Kind aus Erwerbsgründen arbeiten.

mehr als 215 Mio. Kinderarbeiter weltweit, größter Anteil in Afrika

Freiwillig geschieht das bei den meisten Kindern nicht, sondern sie arbeiten aus der Not heraus. Wie im Fall der indischen Schuhputzer Raj und Lal sind die Eltern oft so arm, dass sie ihre Familie von dem Geld, das sie mit ihrer eigenen Arbeit verdienen, nicht ernähren können. Laut Angaben der Vereinten Nationen hatte im Jahr 2004 etwa jeder fünfte Einwohner eines Entwicklungslandes nicht einmal einen US-Dollar pro Tag zur Verfügung.

Hauptteil (3):
Ursachen von Kinderarbeit: vor allem Armut

In Südostasien kommt es auch vor, dass Eltern so verschuldet sind, dass ihre Kinder mitarbeiten müssen, um die Schulden ihrer Eltern nach und nach abzubezahlen. Man bezeichnet das als „Schuldknechtschaft", und die kann von Generation zu Generation weitergegeben werden.

Schulden der Eltern → „Schuldknechtschaft"

Kinderarbeit kann auch kulturelle Hintergründe haben. In einigen Gegenden erwarten Eltern einfach von ihren Kindern, dass diese arbeiten, um sie zu unterstützen und so ihre Dankbarkeit zu zeigen. In anderen Ländern wiederum, in denen Bürgerkrieg herrscht oder in denen die Krankheit Aids verbreitet ist, sind viele Kinder Waisen. Sie müssen sich dann selbst durchschlagen und sind deshalb gezwungen zu arbeiten.

auch kulturell bedingt

Bürgerkriege, Aids → auf sich gestellte Waisenkinder

Die Folgen des täglichen Arbeitens für die Kinder sind fatal: Zunächst einmal kann die Gesundheit der Kinderarbeiter geschädigt werden. Viele Arbeiten, die von Kindern ausgeführt werden, gelten als gefährlich. Weltweit gehen 115,3 Millionen Kinder einer solchen gefährlichen Tätigkeit nach.

Hauptteil (4):
Folgen von Kinderarbeit: Gesundheitsschäden

Ein weiteres Problem ist, dass arbeitende Kinder nicht zur Schule gehen können. Das führt dazu, dass sie keinen Schulabschluss bekommen und anschließend auch keine richtige Berufsausbildung machen können. So setzt sich die Armut in den Familien immer weiter fort: Ohne Ausbildung können die Kinder später als Erwachsene nur einfache Arbeiten ausführen, die schlecht bezahlt werden, und bleiben arm.

kein Schulbesuch, keine Berufsausbildung → Armut setzt sich fort

Einige Hilfsorganisationen engagieren sich vor Ort dafür, dass Kinderarbeit abgeschafft wird. Sie wollen z. B. erreichen, dass

Hauptteil (5):
Vorgehen gegen Kinderarbeit

die Einhaltung von Gesetzen, die Kinderarbeit verbieten, besser überwacht wird, oder sie gründen Schulen. So etwas können wir von hier aus natürlich nicht tun.
Aber als Verbraucher hat man doch auch eine gewisse Macht: Beim Einkaufen kann man darauf achten, dass die ausgewählten Produkte nicht von Kinderhand gefertigt wurden. Dabei helfen bestimmte Siegel, z. B. das Siegel „Fair Trade": Waren, die dieses Zeichen tragen, wurden unter fairen Bedingungen hergestellt und gehandelt, also ohne Mithilfe von Kinderarbeitern. Bei Artikeln, die kein Siegel tragen und die aus einem Entwicklungsland stammen, z. B. aus Burkina Faso, kann man den Geschäftsführer gezielt danach fragen, ob das Produkt nicht von Kinderarbeitern hergestellt wurde. Auf diese Weise macht man zumindest auf dieses Problem aufmerksam.

Macht der Verbraucher: Fair-Trade-Produkte kaufen

Es wäre schön, wenn Sie alle künftig beim Einkauf etwas bewusster darauf achten würden, keine Produkte mehr zu kaufen, die aus Kinderhand stammen. Je mehr Kunden zeigen, dass sie nicht damit einverstanden sind, Kinder an der Herstellung von Waren zu beteiligen, umso eher kann es gelingen, Kinderarbeit zumindest einzudämmen. Es ist zwar möglich, dass dadurch die Preise einiger Produkte steigen, denn Kinderarbeiter werden besonders schlecht bezahlt, um die Herstellungskosten zu senken. Aber was ist wichtiger – Schnäppchenpreise oder Kinderrechte?

Schluss:
Appell an die Eltern: keine Produkte kaufen, die von Kindern hergestellt wurden

Ü 37: Reinhold Ziegler „Marathon" – Produktiv-kreative Texte schreiben

a) **Tagebucheintrag:**

Datum

Heute bin ich – wie so oft – mit Daniel gelaufen. Es war furchtbar – und am Ende doch gut für uns beide.

Daniel ist über das Wochenende bei uns. Heute Nachmittag saßen wir zusammen bei Kaffee und Kuchen am Esstisch. Die Stimmung war eigenartig. Wir kamen einfach nicht ins Gespräch miteinander. Allenfalls redeten wir über Belanglosigkeiten, z. B. übers Wetter.

Die Sprachlosigkeit zwischen uns belastete mich. Also schlug ich Daniel vor, gemeinsam zu laufen. Er stimmte sofort zu. Ich wollte es ihm überlassen, was für eine Strecke wir liefen, also fragte ich ihn, welche Entfernung ihm vorschwebte, um die passenden Schuhe auszuwählen. „Marathon!", sagte er kurzentschlossen, ohne weiter nachzudenken. „Wahrscheinlich ist

das jetzt seine Lieblingsstrecke", dachte ich, „schließlich hat er sich seit einiger Zeit darauf spezialisiert. Nach seinem Misserfolg bei der Olympiabewerbung."
Ich habe zwar keine Übung im Marathonlauf, stimmte aber sofort zu. Schließlich wollte ich mich nicht lumpen lassen. Immerhin bin ich mein Leben lang gelaufen, da werde ich auch eine Marathonstrecke schaffen, dachte ich. Und los ging's.
Was mir mal wieder typisch erschien: Daniel kam einfach nicht ins Tempo, zuckelte von Anfang an gemütlich hinter mir her. „Meine Güte!", dachte ich. „Kann er nicht mal ein bisschen zulegen?" Mir kam es so vor, als müsste ich es ihm wieder mal zeigen. Ich schaute mich kurz nach ihm um und rief ihm wie üblich meine Ermunterung zu: „Auf, auf!" Er ließ sich aber diesmal nicht davon beeindrucken, sondern hielt sein gemächliches Tempo bei. „Kein Wunder, dass er sich nicht für Olympia qualifizieren konnte!", dachte ich mir und lief weiter.
Nach einigen Kilometern ließen meine Kräfte plötzlich nach. Meine Füße kamen mir vor wie Blei, und mir blieb die Puste weg. „Bloß keine Schwäche zeigen!", sagte ich mir. „Das fehlte gerade noch!" Also quälte ich mich weiter. „Soll er doch mal voranlaufen!", kam mir in den Sinn, und ich forderte ihn dazu auf, den Platz mit mir zu tauschen. Das tat er dann auch. Wie selbstverständlich zog er an mir vorbei und lief voran. „Hat er mir etwa was vorgespielt?", fragte ich mich. Das konnte doch nicht sein, dass er die ganze Zeit nur zuckelte und dann plötzlich einen Sprint einlegte, zu einem Zeitpunkt, als ich schon fix und fertig war!
Dann fiel mir wieder ein, dass er sich ja seit einiger Zeit auf Marathon spezialisiert hatte. Wahrscheinlich ging man das anders an, nicht gleich so schnell. Außerdem ist er jünger als ich, irgendwann musste das ja zu merken sein. Verbissen hechelte ich hinter ihm her, so lange, bis es nicht mehr ging. Irgendwann fing ich an zu taumeln.
Daniel merkte das und blieb sofort stehen, aber er konnte mich nicht mehr auffangen. Ich klappte vollends zusammen, ließ mich auf die Wiese fallen und erbrach mich. Es kam mir vor, als wäre ich kurz vor dem Sterben.
Während ich dalag, kamen mir die schlimmsten Gedanken. Hatte Daniel es etwa gezielt darauf angelegt, mich zum Zusammenbruch zu bringen? Er wirkte jedenfalls seltsam ungerührt. Gewiss, er stützte mich, als ich erbrach. Aber ansonsten sah er mich nur an. Fast wie ein Fremder. Was war los mit ihm? Mit uns?

Plötzlich dämmerte es mir. Bestimmt hatte er es mir einmal zeigen wollen, hatte mich demütigen wollen! Wahrscheinlich deshalb, weil ich ihn immer wieder zum Laufen gedrängt hatte und weil er am Ende doch nicht erfolgreich war! Wahrscheinlich hatte er eine richtige Wut auf mich, weil ich es gewesen war, der ihn zum Laufen gebracht hatte, und weil es ihm jetzt so erscheinen musste, als ob alle seine Anstrengungen vergeblich waren. Womöglich hasste er mich richtiggehend.

Als ich allmählich wieder Luft kriegte, fragte ich ihn ganz direkt: „So sehr hasst du mich?" Ich wollte einfach eine Erklärung haben, wollte verstehen, warum er mich zum Marathon überredet hatte. „Nicht mehr", gab er zurück, weiter nichts.

Aber dann kamen wir doch noch ins Gespräch, ganz allmählich. Wohl eine Stunde lang saßen wir noch zusammen auf der Wiese, ehe wir den Rückweg antraten. Und auf einmal brach es dann richtig aus ihm heraus: dass er es immer gehasst habe, laufen zu müssen, dass er dazu gar keine Lust gehabt habe, dass er es nur meinetwegen getan habe, dass er als Läufer gar nicht begabt genug sei, dass er nun endgültig mit dem Laufen aufhören werde, dass sein Leben verpfuscht sei usw.

Ich war fassungslos. Ich hatte doch nur sein Bestes gewollt. Ich hatte doch gespürt, wie begabt der Junge war, wollte, dass er sein Potenzial nutzte. Und nun das!

Irgendetwas habe ich falsch gemacht. Habe ich vielleicht mehr an mich gedacht als an ihn? Wollte ich mich in seinem Erfolg sonnen? Immerhin war er ja durchaus einmal erfolgreich gewesen, als Vierzehnjähriger, beim Fünftausendmeterlauf. Die ganze Welt sah ihn schon als Olympiahoffnung. Ich natürlich auch.

Klar ist: Ich muss noch einmal mit ihm reden. In Ruhe. Ich hoffe, er kommt nächstes Wochenende wieder. Dann setzen wir uns zusammen und sprechen uns aus. Und gelaufen wird dann nicht!

b) **Persönlicher Brief:**

Datum

Mein lieber Vater,
du glaubst gar nicht, wie froh ich bin, dass wir beide nach so langer Zeit doch noch zueinandergefunden haben!

Es tut mir unendlich leid, dass du gestern so leiden musstest. Ich will ehrlich sein: Ja, ich hatte es darauf angelegt, dich zu quälen. Ich wollte dir einfach mal zeigen, wie es ist, wenn man tun muss, was ein anderer will, auch wenn man das eigentlich gar nicht möchte.

Im Nachhinein weiß ich, dass es falsch war, dich zum Marathonlauf herauszufordern. Es war mir ja klar, dass du das gar nicht schaffen konntest. Erstens bist du nicht mehr der Jüngste. Und zweitens hast du nie auf Marathon trainiert. Das musste ja schiefgehen. Und ich wollte das ja auch.

Heute geht mir das Bild, das du gestern vor mir abgegeben hast, gar nicht aus dem Sinn. Immer wieder sehe ich dich vor mir: wie du dalagst, mit hochrotem Kopf, dich erbrechen musstest und völlig fertig warst. Glaube mir: Das habe ich nicht gewollt. Ehrlich gesagt: Ich hatte schon richtig Angst, dass dein Herz das nicht mitmachen würde, dass du diesen Zusammenbruch nicht überleben würdest.

Zum Glück hast du es überlebt. Ich wäre meines Lebens nicht mehr froh geworden, wenn ich deinen vorzeitigen Tod auf dem Gewissen gehabt hätte.

Du fragtest mich gestern plötzlich, ob ich dich so sehr hassen würde, und ich sagte dir: „Nicht mehr." Das klingt so, als hätte ich dich jahrelang gehasst. Inzwischen habe ich noch einmal darüber nachgedacht, und ich muss sagen, dass das nicht ganz richtig ist. Gehasst habe ich nur das Laufen, zu dem du mich immer gedrängt hast. Dabei hatte ich die ganze Zeit das Gefühl, dass es dir gar nicht um mich ging, sondern eher um dich. „Der Junge hat Talent", hast du anderen regelmäßig erzählt. Voller Stolz. Und du hast mich spüren lassen, was du von mir erwartetest: Ich sollte als Leistungssportler Karriere machen, sollte bei Olympia mitmachen, Siege einfahren. Und immer liefst du vor mir her, um mich anzustacheln. Dein ständiges „Auf, auf!", das du mir über die Schulter zuriefst, steckt mir richtig in den Knochen.

Mein Leben lang war ich in einem Dilemma: Auf der einen Seite hatte ich einfach keine Lust zum Laufen. Diese Anstrengung! Und wofür? Ich ahnte irgendwie, dass ich gar nicht gut genug war. Und dann du: mit deinen überzogenen Erwartungen, mit deinem unerschütterlichen Glauben an meine künftigen Erfolge.

Mein Sieg im Fünftausendmeterlauf, damals, als ich vierzehn war, schien dir recht zu geben. Du warst so stolz auf mich, hast mich so gelobt, mir die rosigste Karriere als Läufer vorhergesagt. Wie konnte ich da sagen: „Du irrst dich! So gut bin ich nicht!" Nein, natürlich hat es mich gefreut, dass du an mich geglaubt hast, und ich wollte dich ja auch nicht enttäuschen.

Also habe ich weitergemacht – das, was du wolltest. An mich habe ich dabei nicht gedacht. Allenfalls insoweit, als ich von dir gelobt werden wollte. Der Misserfolg bei der Olympiaqualifikation war da ein Schock – für uns beide. Dummerweise zog ich daraus die falschen Schlüsse. Ich dachte: An Ausdauer fehlt es mir nicht, nur an Tempo. Also stieg ich auf Marathon um. Schlecht war ich nicht im Marathon – aber doch nicht so gut, dass es für eine Karriere reichte.

Jetzt stehe ich da und stelle fest, dass ich mein ganzes Leben auf das Laufen ausgerichtet habe. Wenn ich ehrlich bin, weiß ich gar nicht, was mich sonst noch interessieren könnte. Aber eins ist mir doch klar geworden: Das Laufen ist nicht mein Ding! Ich höre ab sofort damit auf. Ich will mich umorientieren, noch einmal ganz von vorne anfangen. Natürlich werde ich auch das Studienfach wechseln. Vielleicht steige ich um auf Psychologie. Noch ist es nicht zu spät.

Du wirst mich fragen, warum ich dir das alles nicht früher gesagt habe. Aber sei mal ehrlich: Wie hätte ich das tun sollen? Du hast mich ja regelrecht einer Gehirnwäsche unterzogen. Schon als Fünfjähriger musste ich ständig mit dir laufen: zum Bäcker, zum Einkaufen, abends mit dem Hund. Hast du das vergessen? Du redetest mir ein, dass ich ein künftiger Sieger wäre, dass ich nur hart genug trainieren müsste, um es zu schaffen. Wie soll sich ein Fünfjähriger dagegen zur Wehr setzen? Und so ging es ja immer weiter. Ich kam doch gar nicht auf die Idee, etwas anderes zu wollen, als das, was du mir eingeredet hast!

Aber genug damit! Endlich weißt du, was ich dir schon längst sagen wollte. Wenn ich jetzt mit dem Laufen aufhöre, sehe ich das nicht als Verlust an. Im Gegenteil: Ich denke, nun erst werde ich nach und nach zu mir finden. Und zu dir. Denn das habe ich gestern Abend ja schon gemerkt: Wenn das Laufen nicht mehr zwischen uns steht, kommen wir einander näher.

Ich werde am nächsten Wochenende noch einmal zu Besuch zu euch kommen, damit wir genügend Zeit haben, in Ruhe miteinander zu reden. Auch für uns beide ist es noch nicht zu spät. Wenn wir einander verstehen – wer weiß, vielleicht wird unser Verhältnis dann doch noch richtig gut. Das jedenfalls wünsche ich mir. Den ersten Schritt dazu haben wir gestern schon getan – nach dem Laufen.

Liebe Grüße,
Daniel

Ü 38: Einen Textvergleich vorbereiten

1. Thema beider Gedichte ist das Verliebtsein.

   Hinweis: Du könntest das Thema auch so benennen: Thema beider Gedichte ist die neue Liebe des Sprechers.

2. Im ersten Gedicht wird das Verliebtsein als etwas Schönes und Belebendes empfunden.

   Hinweis: Zwar gibt das lyrische Ich an einer Stelle auch zu erkennen, dass es aufgrund seiner Erfahrungen mit dem Verliebtsein auch damit rechnet, evtl. Enttäuschungen zu erleben (vgl. V. 11). Alles in allem ist die Grundstimmung aber positiv.

3. a)

	Eichendorff: Neue Liebe	Krechel: Liebe am Horizont
Es gibt mehrere gleich lange Strophen.	✗	☐
Es gibt ein festes Metrum.	✗	☐
Das Gedicht weist keine Reime auf.	☐	✗
Es gibt mehrere Wörter, mit denen man negative Vorstellungen verbindet.	☐	✗
Die verwendeten Sprachbilder wecken überwiegend positive Vorstellungen.	✗	☐
Das Gedicht besteht ausschließlich aus Aussagesätzen.	☐	✗

   b) Die Gesamtwirkung ist eher ...   ✗ positiv   ✗ negativ

   Hinweis: Die positive Wirkung wird bei dem Gedicht von Eichendorff auch durch die vielen Regelmäßigkeiten in der Form erzeugt (mehrere gleich lange Strophen, festes Reimschema, festes Metrum). Beim zweiten Gedicht gibt es gleich zu Beginn zwei Wörter, mit denen man etwas Negatives verbindet: „schreckliche / Unordnung" (V. 1 f.). Ein Gedicht, das ausschließlich aus Aussagesätzen besteht, wirkt außerdem etwas trist und trostlos. Dagegen gibt es in dem Gedicht Eichendorffs auch Fragen und Ausrufesätze. Die Verschiedenartigkeit der Sätze wirkt sehr lebendig, was ebenfalls positiv zu bewerten ist.

4. Zur Zeit Eichendorffs herrschten offenbar noch romantischere Vorstellungen von der Liebe: Die Grundstimmung in seinem Gedicht ist sehr positiv. Das zweite Gedicht stammt aus dem 20. Jahrhundert. Wegen schlechter Erfahrungen, z. B. mit Scheidungen, haben moderne Autoren anscheinend einen sehr viel nüchterneren Blick auf das Verliebtsein. Sie sehen daher vor allem das Negative an den Veränderungen durch eine neue Liebe.

A Die Abschlussprüfung – Training und Tipps

Ü 39: Einen Textvergleich schreiben

Die Gedichte „Gefunden" von Johann Wolfgang von Goethe und „Das alte Lied" von Fridolin Tschudi stellen beide dar, wie das jeweilige lyrische Ich einen Waldspaziergang erlebt. Für das lyrische Ich in Goethes Gedicht ist dieser Waldspaziergang ein schönes Erlebnis, während er für das lyrische Ich in Tschudis Gedicht zu einer Enttäuschung wird.

Einleitung:
Benennen des gemeinsamen Themas beider Gedichte
Hinweis auf die grundlegenden Unterschiede

Das Gedicht „Gefunden" besteht aus fünf Strophen zu je vier Versen. Aufgrund des gleichmäßigen Metrums (2-hebiger Jambus) und des regelmäßigen Reimschemas (a b c b) wirkt bereits der Klang des Textes harmonisch. Der lyrische Sprecher erzählt, wie er bei einem Spaziergang im Wald eine hübsche Blume entdeckt hat. Seine erste spontane Regung ist es, diese Blume pflücken zu wollen. Doch dann besinnt er sich eines anderen: Ihm kommt in den Sinn, dass die Blume sofort anfangen würde zu welken, wenn sie von ihren Wurzeln getrennt würde. Deshalb gräbt er die gesamte Pflanze vorsichtig aus und nimmt sie mit zu sich nach Hause, um sie in seinem Garten an einer passenden Stelle wieder einzupflanzen. Dort blüht sie nun weiter.

Hauptteil:
Analyse des ersten Gedichts:
harmonischer Klang durch Regelmäßigkeiten in der Form;
Zusammenfassung des Inhalts

Der lyrische Sprecher Goethes hat keine besonderen Ziele, als er im Wald spazieren geht („Und nichts zu suchen, / Das war mein Sinn.", V. 3 f.). Er fühlt sich der Natur aber sehr verbunden. Das zeigt sich insbesondere darin, wie er die Pflanze beschreibt, die ihm aufgrund ihrer leuchtenden Blüten auffällt. Er vergleicht die Schönheit ihrer Blüten nicht nur mit der Leuchtkraft von Sternen („Wie Sterne leuchtend", V. 7), sondern auch mit der Schönheit von Augen („Wie Äuglein schön", V. 8). Auch personifiziert er die Pflanze, indem er der Blume eine Stimme gibt: Als er sich anschickt, sie zu pflücken, lässt er sie klagend fragen: „Soll ich zum Welken / Gebrochen sein?" (V. 11 f.)

deutende Aussagen:
Ziellosigkeit
Gefühl der Verbundenheit mit der Natur
Vergleich der gefundenen Blume mit Sternen und Augen

Personifikation der Pflanze

Indem der lyrische Sprecher mehrmals den Diminutiv verwendet („Blümchen", V. 6; „Äuglein", V. 8; „Würzlein", V. 14), bringt er außerdem zum Ausdruck, dass ihn die Pflanze wegen ihrer Zierlichkeit anrührt. Zugleich zeigt er damit, dass er in ihr etwas Schutzbedürftiges sieht, dem kein Schaden zugefügt werden soll.

mehrfach Diminutiv
→ Pflanze als etwas Zierliches, zugleich Schutzbedürftiges

In dem Gedicht Goethes wird deutlich, dass der lyrische Sprecher die Natur schätzt und sie auch schützen will. Um den Anblick der schönen Blume länger genießen zu können, verzichtet er darauf, sie unüberlegt aus ihrem natürlichen Lebensraum herauszureißen. Stattdessen sorgt er dafür, dass in der Nähe seines Hauses die natürlichen Lebensbedingungen der Pflanze erhalten bleiben, damit sie weiter wachsen und gedeihen kann.

lyrischer Sprecher will die Natur schützen

sorgt für den Erhalt der Lebensbedingung der Blume

Tschudis Gedicht „Das alte Lied" besteht aus 16 Strophen zu je zwei Versen. Obwohl das Reimschema und das Metrum ebenfalls regelmäßig sind (Paarreim, 4-hebiger Jambus), deutet die Aufteilung der Aussagen auf so viele kurze Strophen schon an, dass für den lyrischen Sprecher etwas entzwei gegangen sein muss. Er scheint seinen Waldspaziergang aber mit ähnlichen Erwartungen anzutreten wie der Sprecher in Goethes Gedicht „Gefunden", denn die ersten Verse von Tschudis Gedicht beginnen mit den gleichen Worten wie das von Goethe: „Ich ging im Walde/so für mich hin,/und nichts zu suchen,/das war mein Sinn." (V. 1–4) Dieses Goethe-Zitat zeigt, dass das lyrische Ich glaubt, im Wald eine ähnliche Idylle vorzufinden wie die Hauptperson in Goethes Gedicht. Allerdings wird der Waldspaziergang in Tschudis Werk eher zu einem Schockerlebnis: Statt einer hübschen Blume ist vor allem Müll zu sehen, den die Menschen auf ihren Ausflügen gedankenlos hinterlassen haben: „Konservenbüchsen und Papier" (V. 8) sowie „vom Rost zerfressenes Metall" (V. 10). Dieser Unrat, so der Sprecher, könne nicht vom Wind dorthin geweht (vgl. V. 12), sondern müsse von Menschen achtlos hingeworfen worden sein („verstreut, verschüttet, hingelegt", V. 14).

Analyse des zweiten Gedichts:
Reimschema/Metrum regelmäßig, aber viele kurze Strophen → Hinweis auf Zerstörung

gleicher Beginn wie das Gedicht Goethes → lyrischer Sprecher glaubt, ebenfalls eine Idylle vorzufinden

Waldspaziergang wird aber zu Schockerlebnis: findet nur Müll

Das lyrische Ich in Tschudis Gedicht findet es menschenunwürdig, die Natur in dieser Weise zu verschandeln. So sagt er von den Verursachern des Mülls, sie seien „sozusagen Menschen" (V. 16). Damit drückt er aus, dass es sich bei den Übeltätern zwar um Menschen handelt, dass sie es aber eigentlich nicht verdienen würden, so genannt zu werden.

lyrischer Sprecher findet das achtlose Hinterlassen von Müll menschenunwürdig

Ausgehend von seinen Erfahrungen bei einem Waldspaziergang nimmt der Sprecher ab Vers 21 eine Verallgemeinerung vor: Überall in der Schweiz finde man am Rand von Wäldern und Wiesen „Dreck" (V. 21), und auch die Seen würden von den Menschen so verschmutzt, dass sie für Pflanzen und Tiere keinen Lebensraum mehr böten (vgl. V. 23–26).

Verallgemeinerung: Verschandelung der Natur überall in der Schweiz

A Die Abschlussprüfung – Training und Tipps

Am Schluss erinnert sich das lyrische Ich noch einmal an das Goethe-Gedicht „Gefunden". Es sagt, dass zu Beginn seines Spaziergangs seine Stimmung „goethisch-heiter" (Z. 30) gewesen sei; das aber habe sich grundlegend geändert – „nach all dem Unrat ringsumher" (V. 32).

Am Vergleich dieser beiden Gedichte kann man erkennen, dass sich im Laufe der letzten 200 Jahre vieles in unserer Umwelt geändert hat. Zu Zeiten Goethes, im 18./19. Jahrhundert, gab es noch keine Umweltverschmutzung, zumindest nicht in erkennbarem Ausmaß. Deshalb kann der lyrische Sprecher Goethes seinen Waldspaziergang genießen. Das Gedicht „Gefunden" hat jedoch noch einen tieferen Sinn: Wahrscheinlich erinnert sich der lyrische Sprecher daran, wie er ein Mädchen kennen und lieben gelernt hat. Die Geliebte ist für ihn wie eine schöne Blume, die er im Wald entdeckt hat, und damit es ihr gut geht und sie auch glücklich mit ihm ist, sorgt er dafür, dass sich für sie nichts Grundlegendes ändert, dadurch dass sie mit ihm zusammen ist.

Der lyrische Sprecher Tschudis empfindet angesichts des vielen Mülls nur noch Entsetzen, wenn er sich in die Natur begibt. Die Verunreinigungen von Wald, Wiesen und Seen bedrücken ihn so sehr, dass er an nichts anderes mehr denkt als an die Verschandelung der Natur durch die Menschen. Ihm ist nicht nur der „goethisch-heitere Sinn" verloren gegangen, sondern auch der Gedanke an die schönen Seiten des Lebens, z. B. das Verliebtsein.

Resümee des lyrischen Sprechers:
Waldspaziergang führt zu grundlegendem Stimmungswandel

Ergebnis:
Gedichtvergleich zeigt Umweltveränderung:

zu Zeiten Goethes keine Umweltverschmutzung

tieferer Sinn des Gedichts: gefundene Blume steht für die Geliebte, der es gut gehen soll

lyrischer Sprecher Tschudis sieht in der Natur nur noch die Verunreinigungen, kann an nichts anderes mehr denken

Ü 40: Heinrich von Kleist „Das Erdbeben in Chili" – Geschickt formulieren

Überarbeitete Textstellen sind grau hinterlegt.

Jeronimo klammerte sich still und reglos, gleich einer Statue, an den Pfeiler. Endlich bewegte er sich langsam und vorsichtig aus dem zerstörten Gefängnis heraus, immer auf der Hut, nicht von einem herabfallenden Trümmerstück erschlagen zu werden. Das Gebäude war vollkommen in sich zusammengefallen; nur eine einzige Mauer war stehen geblieben. Durch die zerstörerische Kraft des Erdbebens hatte sich das Gefängnis in ein Labyrinth verwandelt. Als er es endlich verlassen hatte, erwartete ihn ein trostloser Anblick. Er erkannte die Stadt, die er so sehr liebte, nicht mehr wieder. Alle Häuser lagen in Schutt und Asche. [...]

guter Vergleich!
Hier lieber einen neuen Satz anfangen!

Wiederholung unschön (s. o.)
Formulierung ungeschickt
eingeschobenen Relativsatz besser zum Hauptsatz machen und voranstellen
Ausdruck ungeschickt: Die Trümmer sind kein „Gebilde"!

Ü 41: Reinhold Ziegler „Marathon" – Zitate gezielt einsetzen

1. a) Mit dieser Aussage drückt der Ich-Erzähler aus, dass er die anderen Läufer weniger als Konkurrenten denn als Leidensgenossen gesehen hat. In seinen Augen haben sie alle eines gemeinsam gehabt: Sie mussten laufen – und das musste ihnen auch noch Spaß machen. Das ist eigentlich ein Widerspruch: Spaß kann man nicht erzwingen. Entweder kommt er von selbst – oder es gibt ihn nicht.

   b) Anscheinend sind die Medien davon ausgegangen, dass der Ich-Erzähler nach seinem Sieg im Fünftausendmeterlauf nur noch Erfolge haben würde, denn sie haben ihm eine große Karriere als Läufer vorausgesagt. Sie haben ihn sogar schon als Teilnehmer der Olympischen Spiele gesehen und haben offensichtlich erwartet, dass er auch dort einen Sieg einfahren würde.

   c) Die Fremdheit, die der Ich-Erzähler daheim bei seinen Eltern empfindet, ist darauf zurückzuführen, dass die entscheidenden Dinge unausgesprochen bleiben. Er weiß, dass er seinen Vater enttäuscht hat, weil er sich nicht für Olympia qualifizieren konnte. Aber er schafft es nicht, das zur Sprache zu bringen. Auch seine früheren Erfolge mag er nicht ansprechen. So steht sein Misserfolg wie eine Barriere zwischen ihm und seinen Eltern, und er fühlt sich fremd bei ihnen.

2. a) „Ob ich meinen Vater schon hasste, als ich auf die Welt kam, bezweifle ich." (Z. 1 f.)
   b) „Und dann mein Vater, wie er zu anderen redete: ‚Der Junge hat Talent', höre ich. ‚Aus dem wird mal was', höre ich." (Z. 42–44)
   c) „Komm, lass uns laufen, sagte mein Vater, noch immer, ohne zu begreifen, wie sehr ich auch diesen Satz hasste." (Z. 129–131)
   d) „Ich wollte ihn umbringen, wollte ihn winseln hören, wollte seine Ausflüchte hören […]" (Z. 151–153)
   e) „Ich drehte ihn um, stützte ihm die Stirn, verschaffte ihm mehr Luft." (Z. 179–181)

3. Vater und Sohn sind einander am Schluss nähergekommen. Die letzten Worte des Ich-Erzählers lauten: „Dann trabten wir zurück. Ganz ruhig, fast gelassen. Nebeneinander." (Z. 200–202) Damit bringt er zum Ausdruck, dass sich das Verhältnis zwischen ihm und seinem Vater geändert hat. Jetzt sieht er seinen Vater nicht mehr als denjenigen an, der ihn ständig antreibt, denn der läuft nicht mehr voraus und ruft ihm nicht mehr sein „Auf, auf!" zu. Stattdessen sagt er, dass die beiden „ruhig, fast gelassen" nach Hause traben, und zwar nicht hintereinander, sondern nebeneinander. Endlich begegnen sie sich auf Augenhöhe; der Sohn fühlt sich seinem Vater ebenbürtig.

Ü 42: Richtig schreiben

lächeln	lachen	Behälter	halten
Hem**d**	Hem**d**en	Fähre	fahren
kräftig	Kraft	Gestank	stinken
Lo**b**	lo**b**en	Dank	danken
verständlich	verstanden	Gestalt	Gestalten
beliebt	beliebig	Länge	lang
Mut	mutig	Stärke	stark
Stau**b**	stau**b**ig	Leid	leiden
Kränkung	krank	Bart	(die) Bärte
Trab	traben	bestrebt	streben

Ü 43: „Einfache Mittel verbessern ..." – Rechtschreibregeln kennen

[...] Fussgänger zeigen ein viel komplexeres verhalten als Autofahrer.

Fußgänger: stimmloser s-Laut nach lang gesprochenem Vokal
ein ... Verhalten: Großschreibung eines Nomens

Das entstehen spontaner Staus auf dicht befarenen Autobahnen kann man inzwischen sehr gut erkleren:

Das Entstehen: nominalisiertes Verb
befahrenen: Wortstamm „fahr-"
erklären: Wortstamm „klar"

Ein einziger unaufmerksamer Fahrer, der plözlich stark bremmst, genügt. Fußgänger sind im vergleich dazu deutlich schwiriger zu modellieren.

plötzlich: „tz" nach kurz gesprochenem Vokal;
bremst: kein Doppelkonsonant vor weiterem Konsonanten;
im Vergleich: Großschreibung eines Nomens (der Vergleich);
schwieriger: langer i-Laut in der Regel als „ie" zu schreiben

Menschen laufen nicht in fessten Spuren, bleiben auch gern mal Stehen, wechseln spontan die richtung und versuchen, großem Gedrenge aus dem Weg zu gehen.

festen: kein Doppelkonsonant vor weiterem Konsonant
bleiben ... stehen: Kleinschreibung eines Verbs (stehen)
die Richtung: Großschreibung eines Nomens
Gedränge: wegen „Drang"

Je genauer Wissenschaftler Pasanten simulieren können, umso besser lassen sich Gebeude, Kreuzfahrt Schiffe oder Bahnhöfe planen.

Passanten: Doppelkonsonant nach kurz gesprochenem Vokal
Gebäude: Wortstamm „bau-(en)"
Kreuzfahrtschiffe: ein Wort, weil damit nur eine Sache bezeichnet wird

Unnötiges Gedrenge oder gar Panik werden so vermiden. Modellrechnungen haben Beispielsweise gezeigt, dass einfache Mittel den „Durchfluss" an Not Ausgengen verbessern können.

Gedränge: s. o.
vermieden: langer i-Laut in der Regel als ie zu schreiben
beispielsweise: Kleinschreibung eines Adverbs
Notausgängen: ein Wort, da nur eine Sache/Bedeutung, „Ausgänge" wegen Wortstamm „(Aus-) Gang"

Ein Pfeiler genükt, denn er spalltet die schibende Menschenmasse.

genügt: wegen „genügen"
spaltet: kein Doppelkonsonant vor weiterem Konsonant;
schiebende: langer i-Laut in der Regel als „ie" zu schreiben

So singt der Druck auf die Tür, durch die sich alle so schnell wie möglich zwengen wollen.

sinkt: wegen „sinken"

zwängen: Wortstamm „Zwang"

Aber nicht immer ist der einzelne Spielball der wogenden Maße. Bei entsprechend viel Platz kann sich ein Fußgänger nähmlich auch entscheiden, nach rechts oder lings auszuweichen, stehenzubleiben oder umzukehren.

der Einzelne: Großschreibung eines Nomens (nicht bezogen auf „Spielball"); Masse: stimmloser s-Laut nach kurzem Vokal als ss zu schreiben
nämlich: Wortstamm „Name"
links: verlängerbar zu „linke" (z. B. „der linke Weg")

Quelle: http://www.spiegel.de/wissenschaft/mensch/0,1518,699080,00.html

A Die Abschlussprüfung – Training und Tipps

Ü 44: „Studie findet Häufung von Risikofaktoren" – Kommaregeln kennen

In Schottland lebt einer neuen Studie zufolge fast jeder Erwachsene mit einem bedeutenden Gesundheitsrisiko, mehr als die Hälfte haben sogar drei oder mehr Risikofaktoren.	Hauptsätze
Die Forscher der Universität Glasgow untersuchten die fünf lebensgefährlichen Angewohnheiten Rauchen, Trinken, Bewegungsmangel, schlechte Ernährung und Übergewicht und fanden heraus, dass niemand es den Schotten bei deren Anhäufung gleichtut.	Aufzählung Haupt- und Nebensatz
„Schotten leben gefährlich", sagte David Conway, Leiter der jetzt veröffentlichten Studie.	Hauptsätze; nachgestellte Erläuterung
„Nur 2,5 Prozent der Bevölkerung tragen überhaupt keine Risikofaktoren", sagte Conway in einem telefonisch geführten Interview.	Hauptsätze
Die im Wissenschaftsjournal „BMC Public Health" veröffentlichte Forschungsarbeit befasst sich mit einem neuen Forschungsansatz, bei dem nicht nur einzelne Risikofaktoren, sondern auch deren Anhäufung untersucht wird.	Haupt- und Nebensatz Gegensatz
„Ungesunde Verhaltensweisen bündeln sich, die Kombination ist dabei synergetisch, dadurch steigt das allgemeine Risiko unverhältnismäßig an", bedauert Conway. […]	Hauptsätze; Hauptsätze Hauptsätze
Grundlage der Studie war eine staatliche Gesundheitsumfrage aus dem Jahr 2003, Daten lagen für 6 574 Männer und Frauen vor.	Hauptsätze
Als gefährdet stuften die Wissenschaftler beispielsweise Menschen ein, die zum Zeitpunkt der Befragung rauchten, Männer, die mehr als 24 Gramm, und Frauen, die mehr als 16 Gramm Alkohol pro Tag zu sich nahmen. Als fettleibig galten Menschen mit einem Body-Mass-Index (BMI) von über 30. […]	Haupt- und Nebensatz, Aufzählung; eingeschobener Nebensatz; Haupt- und Nebensatz
Obwohl Conway mit einem wenig ermutigenden Ergebnis rechnete, wurde er vom Ernst der Lage doch überrascht.	Haupt- und Nebensatz
Mehr als 85 Prozent der Erwachsenen hatten mindestens zwei Risikofaktoren, 55 Prozent hatten sogar drei und fast ein Fünftel brachte es sogar auf alle fünf. Die am weitesten verbreitete Angewohnheit war schlechte Ernährung […].	Aufzählung
Zehn Prozent der Befragten waren sowohl Raucher als auch starke Trinker, von diesen zehn Prozent hatten sich drei Viertel noch zwei oder drei weitere Risikofaktoren zugelegt.	Hauptsätze
Als mögliche Ursachen werden soziale und wirtschaftliche Faktoren vermutet – Menschen aus den ärmsten Gegenden mit dem schlechtesten Bildungsstand lebten am ungesündesten. […] *Quelle: AFP*	

Ü 45: „Noch nicht ausgereift" – Wortarten unterscheiden

Nomen: Roboter, Rad, Gleichgewicht, Greifer, Hand, Geschirr, Tisch, Spülmaschine, Tasse, Ordnung, Haushalt
Eigennamen: Monty
Verben: sein, können, fortbewegen, halten, räumen, einsortieren, merken, verstehen, werden
Adjektive: ausgereift, zwei, motorbetrieben, schmutzig, voll, leer, einsetzbar
Artikel: der, das, die, eine
Präpositionen: bis, auf, mit, von, in
Pronomen: sich, sein, er, man
Adverbien: heute, schon, irgendwann
Konjunktionen: und, aber, ob, oder, wie
Partikeln: noch, nicht, zwar, sogar, auch

Hinweis: Das Wort „ausgereift" ist ursprünglich ein Verb, wird aber im Satz als Adjektiv verwendet. Und das Wort „auch" könnte auch eine Konjunktion sein; es ist aber in diesem Satz eine Partikel.

Ü 46: Besonderheiten bei Nomen – Den Kasus bestimmen

die Geschenke:	Nominativ (Pl.), Akkusativ (Pl.)
den Löwen:	Akkusativ (Sing.), Dativ (Pl.)
der Frage:	Genitiv (Sing.), Dativ (Sing.)

Ü 47: „Krähen sind extrem clevere Werkzeugnutzer" – Die Kasus verstehen

Krähen können komplizierte Aufgaben[1] mit Hilfe von Werkzeugen lösen [...]. Wissenschaftler in Neuseeland haben mit einem Experiment[2] gezeigt, dass die Tiere ihre Hilfsmittel höchst strategisch zum Einsatz[3] bringen.
Der Versuchsaufbau erinnert an ein Geschicklichkeitsspiel[4]: Um an die Belohnung[5] heranzukommen, muss man eine Kiste mit einem Loch[6] öffnen. Dafür braucht man einen langen Stock. Doch der liegt in einer Gitterbox[7]. Und nur mit Hilfe[8] eines zweiten, kleineren Stocks[9] lässt er sich dort herausmanövrieren. Dumm nur, dass dieses so dringend benötigte Hölzchen an einer Schnur von der Decke[10] hängt... Um an Fleisch[11] zu kommen, können Geradschnabelkrähen [...] diese Aufgaben[12] jedoch durchaus bewältigen, wie Forscher [...] gezeigt haben. *Quelle: chs/ddp 21.4.2010*

1 Akkusativ; lösen
2 Dativ; mit
3 Dativ; zum
4 Akkusativ; an (ein)
5 Akkusativ; an (die)
6 Dativ; mit
7 Dativ; in (einer)
8 Dativ; mit
9 Genitiv; mit Hilfe
10 Dativ; von
11 Akkusativ; an (das)
12 Akkusativ; bewältigen

A Die Abschlussprüfung – Training und Tipps 59

Hinweis: Lokale Präpositionen wie „in" und „an" sind sogenannte Wechselpräpositionen. Das bedeutet, dass der Kasus, den sie regieren, von der Bedeutung abhängt: Wenn noch Bewegung im Spiel ist (Beispiel: wohin? in <u>das</u> Haus), folgt nach diesen Präpositionen der Akkusativ, wenn ein Zustand gemeint ist (Beispiel: wo? in <u>dem</u> Haus), folgt der Dativ. Im Text ist der Kasus bei den Präpositionen meist auch an der Form des Artikels zu erkennen.

Ü 48: „Richtungsweisende Nase" – Verwendungsweisen von Adjektiven

<u>Richtungsweisende</u> Nase	Attribut
[...] Haie besitzen einen <u>ausgeprägten</u> Geruchssinn und orten	Attribut
<u>zielsicher</u> ihre <u>nächste</u> Mahlzeit. Wie es die Knorpelfische	Adverb; Attribut
schaffen, so <u>genau</u> auf ihre Beute zuzusteuern, haben Jayne	Adverb
Gardiner und ihre Kollegen von der University of South	
Florida in Tampa nun an <u>acht</u> Exemplaren des Glatthais	Attribut
Mustelus canis in einem Experiment festgestellt. Dafür wurde	
jeweils ein <u>hungriger</u> Hai in einem Becken ausgesetzt und mit	Attribut
Geruchsimpulsen aus Düsen konfrontiert. Beobachtet wurden die Versuche mit einer Kamera über dem Becken. So	
konnten die Wissenschaftler beobachten, wie <u>schnell</u> der Hai	Adverb
auf die Stimulanz reagierte, indem er sich der <u>jeweiligen</u>	Attribut
Düse zuwandte. Dabei wurde auch der <u>genaue</u> Winkel registriert, in dem die Geruchsfahne den Hai erreichte.	Attribut
Es stellte sich heraus, dass die Haie <u>kleine</u> Unterschiede in	Attribut
der Zeitspanne erkennen, in der ein Beutegeruch ihre beiden	
<u>auseinanderliegenden</u> Nasenlöcher erreichen. Erreichen die	Attribut
Geruchsmoleküle zuerst das <u>linke</u> Nasenloch, wendet sich	Attribut
der Hai nach links. [...] *Quelle: ddp*	

Ü 49: „Vom Startloch zum Startblock" – Arten von Pronomen bestimmen

Heute wäre es schwierig, Startlöcher in die modernen Kunststoff-Laufbahnen zu graben. Als die Leichtathleten noch auf	
Asche liefen, war <u>das</u> allerdings durchaus üblich, jedenfalls auf	Demonstrativpron.
den Kurzstrecken. Für <u>die</u> erfand der amerikanische Trainer	Demonstrativpron.
Mike Murphy 1887 den Tiefstart aus der Hocke. Bei <u>diesem</u>	Demonstrativpron.
Start bringt der Sprinter mehr Kraft auf die Bahn. <u>Er</u> erreicht	Personalpronomen
daher eine höhere Beschleunigung, allerdings besteht auch die	
Gefahr, dass <u>ihm</u> dabei die Füße wegrutschen. Deshalb war es	Personalpronomen
üblich, dass die Sportler kleine Schäufelchen mit zum Rennen brachten und <u>sich</u> <u>ihre</u> individuellen Startlöcher gruben.	Reflexivpr.; Possessivpr.
<u>Das</u> war nicht nur den Platzwarten ein Dorn im Auge, <u>die</u>	Demonstrativpron.;

anschließend die Bahn wieder glätten mussten, die Sportler konnten sich auch verletzen, wenn ihr Fuß am Rand des Startlochs hängen blieb. Es war wieder ein amerikanischer Trainer, George Bresnahan, der im Jahr 1927 den Startblock zum Patent anmeldete – eine genial einfache Erfindung, die sich bis heute nur unwesentlich verändert hat. Aber die Mühlen der Sportbürokratie mahlen langsam. Während sich die Startblöcke in den USA schnell verbreiteten, betrachtete der internationale Leichtathletikverband IAAF die Entwicklung mit Argwohn.

Relativpronomen
Reflexivpron.; Possessivpronomen
Relativpronomen
Relativpronomen
Reflexivpronomen
Reflexivpronomen

Zeitweise wurden zwei Weltrekorde geführt, mit und ohne Blöcke. Bei den Olympischen Spielen in Berlin 1936 war schließlich Jesse Owens der letzte Sprint-Olympiasieger, der mit Schäufelchen zum Rennen ging und seine eigenen Startlöcher buddelte. Erst 1937 akzeptierte die IAAF die neue Starthilfe.

Relativpronomen
Possessivpronomen

Quelle: Christoph Drössler; http://www.zeit.de/2010/20/Stimmts-Sprinter

Hinweis: Welcher Art von Pronomen die Wörter „der", „die" und „das" zugeordnet werden müssen, hängt von ihrer Verwendung im Satz ab.

Ü 50: Besonderheiten bei Verben – Die Konjugation verstehen

	Singular	Plural	über sich	über andere	zu jemandem
kommt	X	X		X	X
frage	X		X		
folgst	X				X
erscheinen		X	X	X	
sieht	X			X	
wissen		X	X	X	
vergesst		X			X
bleibt	X	X		X	X

Hinweis: Die Formen „kommt" und „bleibt" können sich auf eine oder mehrere Personen beziehen (z. B. „er kommt": 3. Person Singular, aber auch „ihr kommt": 2. Person Plural). Das bedeutet zugleich, dass der Sprecher über jemanden sprechen kann – oder zu mehreren Personen. Deshalb müssen in diesen Zeilen insgesamt vier Kreuze gemacht werden.
Die Formen „erscheinen" und „wissen" sind nur im Plural möglich, aber hier kann es sein, dass mehrere Sprecher über sich selbst reden (z. B. „wir erscheinen": 1. Person Plural). Möglich ist auch, dass über mehrere Personen gesprochen wird (z. B. „sie erscheinen": 3. Person Plural). Deshalb müssen in diesen Zeilen drei Kreuze stehen.
Imperativformen sind in der Tabelle nicht berücksichtigt.

A Die Abschlussprüfung – Training und Tipps

Ü 51: „Die Broken-Windows-Theorie" – Die Tempora des Verbs bestimmen

Die Verwahrlosung eines Stadtviertels beginnt mit einer zerbrochenen Fensterscheibe, die niemand repariert. Das besagt die sogenannte „Broken-Windows-Theorie", die Stadtplaner vor Jahren in den USA entwickelt haben. Auch Müll, der auf dem Bürgersteig gelandet ist und einfach dort liegen bleibt, trägt dazu bei, dass eine Gegend verkommt. Eine Person, die durch eine solche Straße geht, sagt sich vielleicht: „Ich werde doch nicht den Dreck wegmachen, den andere verursacht haben!" Oder sie fügt den schon entstandenen Schäden oder Verunreinigungen noch weitere hinzu. Wahrscheinlich glaubt sie: „Auf mich kommt es ja nicht an. Andere haben ja auch schon ihren Unrat hinterlassen." So wird sie ihre leere Cola-Dose einfach fallen lassen. Und nach einiger Zeit wird das ganze Viertel heruntergekommen sein. Das Nachsehen haben die Bürger, die dort wohnen. Sie hatten sich ihr Leben dort bestimmt anders vorgestellt.	Präsens Präsens; Präsens Perfekt Perfekt; Präsens Präsens; Präsens Präsens; Präsens; Futur I Perfekt Präsens Präsens Präsens; Perfekt Futur I Futur II Präsens Präsens; Plusquamperfekt

Hinweis: Bei einigen Verben handelt es sich um trennbare Verben. Achte darauf, dass du beide Teile unterstrichen hast: „trägt ... bei", „fügt ... hinzu", „kommt ... an".

Ü 52: Weltraumforschung – Aktiv und Passiv beherrschen

1. a) Rasante Fortschritte sind von der Weltraumforschung gemacht worden.
   b) Inzwischen werden schon Roboter von den Forschern zum Mars geschickt.
   c) Wichtige Informationen sollen von den Robotern gesammelt werden.
   d) Eines Tages wird der Mars von den ersten Astronauten angeflogen werden.

   Hinweis: Satz a) steht im Perfekt, b) und c) stehen im Präsens, und bei Satz d) handelt es sich um das Tempus Futur I.

2. Die russische Weltraumagentur Roskosmos und die europäische ESA (European Space Agency) haben ein Experiment organisiert: Sechs Männer werden für einen Zeitraum von 520 Tagen in einen Container eingesperrt. Während dieser langen Zeit verfolgen Kameras jeden ihrer Schritte. Die Aufzeichnungen werden zu Forschungszwecken genutzt. Auf diese Weise wird erprobt, welche Belastungen die Crewmitglieder während einer Expedition zum Mars ertragen müssen. Die Bedingungen im All inszenieren die Forscher möglichst real. Nur auf die Schwerelosigkeit wird verzichtet.

Ü 53: Besonderheiten bei Verben – Den Konjunktiv richtig verwenden

1. Der Schüler sagt, manchmal <u>sei</u> es im Unterricht so langweilig, dass er ständig gähnen <u>müsse</u>. Er <u>wisse</u> nicht, weshalb. Aber er <u>könne</u> das einfach nicht unterdrücken. Es <u>überkomme</u> ihn einfach. Komischerweise <u>scheine</u> Gähnen ansteckend zu sein. Denn kaum <u>habe</u> er damit angefangen, da <u>würden</u> seine Mitschüler es ihm <u>nachmachen</u>. Das <u>finde</u> er seltsam.

2. B. Britta **würde** gern einen interessanten Beruf **erlernen**.
   C. Sie **würde** gern viel Geld **verdienen**.
   D. Sie **führe** gern ein Cabrio.
   E. Sie **nähme** gern Reitunterricht.
   F. Sie **würde** gern einen netten Mann **kennenlernen**.
   G. Sie **würde** gern eine Traumhochzeit **feiern**.
   H. Sie **würde** gern eine Familie **gründen**.
   I. Sie **flöge** gern nach Neuseeland.
   J. Sie **hätte** gern genügend Freizeit.

Ü 54: Satzglieder bestimmen

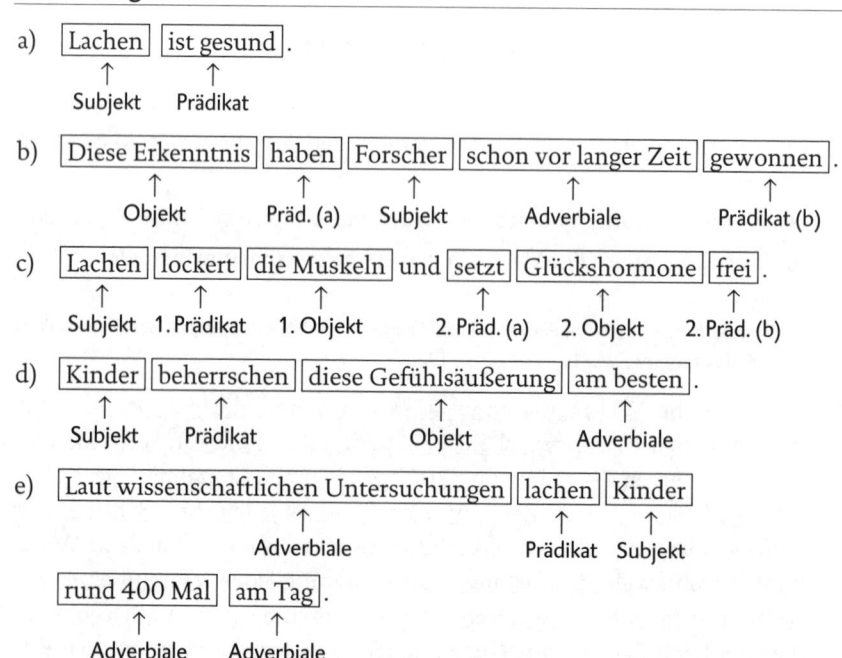

a) [Lachen] [ist gesund].
   ↑ Subjekt   ↑ Prädikat

b) [Diese Erkenntnis] [haben] [Forscher] [schon vor langer Zeit] [gewonnen].
   ↑ Objekt   ↑ Präd. (a)   ↑ Subjekt   ↑ Adverbiale   ↑ Prädikat (b)

c) [Lachen] [lockert] [die Muskeln] und [setzt] [Glückshormone] [frei].
   ↑ Subjekt   ↑ 1. Prädikat   ↑ 1. Objekt   ↑ 2. Präd. (a)   ↑ 2. Objekt   ↑ 2. Präd. (b)

d) [Kinder] [beherrschen] [diese Gefühlsäußerung] [am besten].
   ↑ Subjekt   ↑ Prädikat   ↑ Objekt   ↑ Adverbiale

e) [Laut wissenschaftlichen Untersuchungen] [lachen] [Kinder]
   ↑ Adverbiale   ↑ Prädikat   ↑ Subjekt
   [rund 400 Mal] [am Tag].
   ↑ Adverbiale   ↑ Adverbiale

A Die Abschlussprüfung – Training und Tipps 63

🖉 **Hinweis:** Im zweiten Satz ist das Prädikat zweiteilig (a/b), im dritten Satz gibt es zwei Prädikate, wobei das zweite Prädikat aus einem trennbaren Verb besteht, sodass von ihm auch zwei Teile (a/b) benannt werden müssen.
Die Konjunktion „und" im dritten Satz verbindet die beiden Prädikate und ist selbst kein Satzglied. Dass die Formulierung „rund 400 Mal am Tag" aus zwei Adverbialen besteht, zeigt die Umstellprobe. Es ist nämlich möglich, die Wortgruppe zu zerlegen, ohne dass der Sinn dadurch verloren geht, z. B. so: „Am Tag lachen Kinder laut wissenschaftlichen Untersuchungen rund 400 Mal." Die Worte „rund 400 Mal" benennen außerdem eine Häufigkeit (wie oft?), während die Worte „am Tag" die Dauer angeben (wann? während welcher Zeit?).

Ü 55: „Flugstaffel Walsrode" – Haupt- und Nebensätze unterscheiden

1. [...] Trotz des Regens sind die Bänke an der Bühne fast voll besetzt. Eine Schulklasse ist in den Vogelpark Walsrode gekommen, und ein paar Familien mit Kindern sind da. Gespannt starren sie alle auf einen großen Baum. Dann plötzlich schießt ein schwarz gefiederter Vogel unter den tief hängenden Ästen hervor. Er segelt ein Stück über den Rasen und landet elegant auf dem Unterarm seines Trainers German Alonso.
Der Truthahngeier Sherlock ist bereit für seine Mission: Er soll ein Leichentuch aufspüren, <u>das Alonso kurz zuvor in einem Rasenloch versteckt hat</u>. Sherlock springt auf den Rasen und schreitet auf und ab. Nur wenige Augenblicke später zupft er mit seinem Schnabel die Beute hervor. Er hat seinen Auftrag ausgeführt.
Das Leichentuch hat eine Medizinische Hochschule geliefert, <u>die nicht genannt werden will</u>. Zu makaber könnte das Spektakel wirken, <u>wenn man nicht den tieferen Sinn kennt</u>: Alonso soll seinem Geier beibringen, Leichen aufzuspüren. Der Auftrag dazu kam vor drei Jahren von höchster Stelle [...]. Bisher helfen speziell ausgebildete Spürhunde bei der Leichensuche. Hunde verfügen über 300 Millionen Riechzellen in der Nase, <u>denen auch viele Jahre alte Spuren nicht entgehen</u>. Das Problem besteht darin: Nur mit geschlossener Schnauze können Hunde alle Duftspuren orten, nach fünfzehn Minuten Einsatz brauchen sie eine Pause. Ein Leichenspürhund kann deshalb nur maximal 100 Quadratmeter am Tag absuchen. <u>Falls er auf unwegsamem Terrain eingesetzt wird</u>, schafft er sogar noch weniger. [...]
Quelle: Nadine Querfurth; http://www.zeit.de/zeit-wissen/2010/01/Geier-im-Polizeidienst

🖉 **Hinweis:** Es gibt insgesamt nur fünf Nebensätze: drei Relativsätze (Z. 15 f., Z. 22 f., Z. 34 f.) und zwei Konjunktionalsätze (Z. 24 f., Z. 43 f.). Alle anderen Sätze sind Hauptsätze, weil das finite Verb jeweils auf der zweiten Satzgliedposition steht.

2. **Beispielsatz**

	Satz-reihe	Satz-gefüge
Man weiß nicht, wie erfolgreich das Training von Truthahngeiern sein wird.	☐	☒
Es gibt nämlich nur wenige dieser Geier, denn sie werden nur selten gezüchtet.	☒	☐
Ob Truthahngeier zwischen dem Geruch toter Tiere und toter Menschen unterscheiden können, ist auch noch unklar.	☐	☒
Es kann sein, dass sie im Ernstfall statt eines toten Menschen nur tote Mäuse finden.	☐	☒
Die Treffsicherheit der Vögel muss erst noch genau geprüft werden, und das kann noch einige Zeit dauern.	☒	☐

Ü 56: Sätze verbinden

a) Die Betriebe klagen zunehmend darüber, <u>dass</u> nicht mehr genügend Bewerber für Lehrstellen zur Verfügung stehen.

b) <u>Während</u> die Anzahl der Abiturienten gestiegen ist, gibt es einen Rückgang bei den Schulabgängern an Haupt- und Realschulen.

c) Die Abiturienten möchten lieber an einer Universität studieren, <u>denn</u> die Lehrstellen in einem Betrieb haben an Attraktivität verloren.

d) Bei der Firma Siemens ist die Zahl der Bewerber um 20 Prozent gesunken; <u>deshalb</u> werben inzwischen sogar große Betriebe um Auszubildende.

e) Man sollte sich auf ein Bewerbungsgespräch vorbereiten, <u>auch wenn/obwohl</u> es nicht mehr so viele Konkurrenten um einen Ausbildungsplatz gibt.

f) Der erste Eindruck ist oft entscheidend; <u>darum</u> sollte man angemessen gekleidet sein.

Ü 57: Relativsätze bilden

a) Bei jedem Surfen im Internet hinterlassen wir Spuren, die sich nicht so leicht löschen lassen.

b) Es handelt sich stets nur um ein paar Daten, die unser Computer speichert und preisgeben kann.

c) Manchmal sind es nur einzelne Wörter, die wir in Suchmaschinen eingegeben haben.
d) Bewerber, die solche Daten im Internet hinterlassen haben, können in einem Vorstellungsgespräch einen schlechten Eindruck machen.
e) Inzwischen geben viele Chefs die Namen der Bewerber, die sich bei ihnen vorstellen sollen, in eine Suchmaschine ein.
f) Ein Chef wird einem Bewerber, von dem er im Internet peinliche Fotos entdeckt hat, kein großes Vertrauen entgegenbringen.

Ü 58: „Letzte Chance für ein normales Leben" – ‚Das' und ‚dass' unterscheiden

Wer einmal notorischer Blaumacher ist, findet nur schwer zurück in die Schule. In Berlin gibt es ein Internatsprojekt, **das** notorischen Schwänzern helfen soll, diesen Teufelskreis zu durchbrechen. **Das** ist ihre letzte Chance.	Relativpronomen Demonstrativpron.
Sie sind zwischen zwölf und 16 Jahre alt und kommen aus Berlin-Neukölln. Eines haben die Jungen und Mädchen gemeinsam: **dass** sie die Schule zuletzt nur selten besuchten. **Das** hat sich inzwischen geändert. Denn jetzt lernen sie im Internat „Leben und Lernen".	Konjunktion Demonstrativpron.
Von Sonntagabend bis Freitagnachmittag werden die Schüler dort ganztags betreut. Ganze 2 400 Euro kostet **das** pro Schüler – monatlich. Die Eltern zahlen davon **das**, was **das** Familieneinkommen zulässt. Den Rest trägt **das** Jugendamt. **Das** entscheidet auch, wer aufgenommen wird – gemeinsam mit den Mitarbeitern der Wohngruppe und den Lehrern.	Demonstrativpron. Demonstrativpron.; Artikel; Artikel; Demonstrativpron.
Ziel des Projekts ist es, **dass** sich die Kinder an klare Strukturen gewöhnen. Um die Gewohnheiten zu durchbrechen, setzt **das** Internat auf Tagesstrukturen mit wenig persönlichen Rückzugsmöglichkeiten. Mit Ausnahme eines Einzelzimmers gibt es nur Doppelzimmer. Die aber sind so ausgestattet, **dass** jeder einen eigenen Schreibtisch und etwas Platz für persönliche Dinge hat.	Konjunktion Artikel Konjunktion
Die Nutzung des Telefons wird nur eingeschränkt erlaubt, **das** gilt auch für Handys. Klar geregelt ist, **dass** die Schüler zu einer bestimmten Zeit aufstehen müssen und **dass** sie den Putzdienst für die Zimmer und Gemeinschaftsräume leisten müssen. Einfach ist die Arbeit nicht [...]. Denn wer im Internat lebt, steigt nicht automatisch ins normale Schulleben ein. **Das** ist ein Entwicklungsprozess [...].	Demonstrativpron. Konjunktion Konjunktion Demonstrativpron.

Quelle: Mandy Hannemann; http://www.news.de/gesellschaft/855026951/letzte-chance-auf-ein-normales-leben/

Ü 59: „Zwischen Bingo und …" – Hörverstehen zu einem Sachbeitrag

1. Es geht um einen Boys' Day, an dem Jungen einen Tag lang Erfahrungen in einem typischen Frauenberuf sammeln.

   Hinweis: Wichtig ist, dass deine Antwort dem Lösungsvorschlag sinngemäß entspricht. Auf den genauen Wortlaut kommt es nicht an.

2. Aufgenommen wurden Redebeiträge in …

   [X] einem Kosmetikladen.

   [X] einem Altenheim.

3.

	trifft zu	trifft nicht zu
a) Sie servieren ihnen das Mittagessen.		X
b) Sie hören sich ihre Geschichten an.	X	
c) Sie spielen mit ihnen Bingo.	X	
d) Sie lesen ihnen vor.		X
e) Sie begleiten sie beim Einkaufen.		X
f) Sie gehen mit ihnen kegeln.	X	
g) Sie leisten Pflegedienste bei ihnen.		X

   Hinweis: Du darfst nur diejenigen Auswahlantworten als richtig angekreuzt haben, zu denen in dem Hörbeitrag tatsächlich etwas gesagt wird.

4. [X] Es riecht dort ganz anders.

5. Die Teilnehmer …

   [X] finden ihre Erfahrungen ganz interessant.

6. Der Radiobeitrag will …

   [X] informieren und unterhalten.

   Die Hörer werden darüber informiert, dass es erstmals für Jungen einen sogenannten „Boy's Day" gab, bei dem sie die Möglichkeit bekamen, einen Eindruck von einem typischen Frauenberuf zu erhalten. Da die Darstellung am Beispiel mehrerer Jungen erfolgt, wirkt der Beitrag nicht nur informativ, sondern auch unterhaltsam.

A Die Abschlussprüfung – Training und Tipps

Ü 60: „Hauptsache weit" – Hörverstehen zu einem literarischen Text

1. Der Junge befindet sich ...

    [X] in Asien.

    Hinweis: Im Text heißt es, dass er für 1 000 Dollar drei Monate lang durch Thailand, Indien und Kambodscha reisen wollte (vgl. Z. 24–26). Außerdem sagt er sich: „[...] und jetzt aber Asien." (Z. 23 f.). Also muss er sich in Asien befinden.

2. Der Junge hat eine weite Reise angetreten, um nach der Schulzeit eine Zeit lang viel Spaß zu haben und etwas zu erleben.

    Hinweis: Dass es ihm darum geht, auf der Reise viel Spaß zu haben und etwas zu erleben, erkennt man an dieser Textstelle: „Warum kommt der Spaß nicht?" (Z. 13) An einer anderen Stelle heißt es, er beklage die Enge zu Hause und wolle etwas erleben (vgl. Z. 28 f.).

3. Die Freunde wollten wissen, ...

	trifft zu	trifft nicht zu
ob sein Geld reichen würde.		[X]
ob sie mitkommen könnten.		[X]
ob seine Eltern das erlauben würden.		[X]
ob er keine Angst habe.	[X]	

    Hinweis: Vgl. Z. 30 f.

4. [X] Nein, der Junge hat sein Ziel nicht erreicht.

    Begründung: Es ist ihm nur schlecht ergangen. Er beklagt, die ganze Zeit keinen Spaß gehabt zu haben. Stattdessen hat er immer wieder an Durchfall gelitten. Außerdem sehnt er sich nach seiner vertrauten Umgebung, z. B. danach, dass er im Fernsehen wieder die bekannten Stars sehen kann.

    Hinweis: Dass es ihm schlecht ergangen ist, wird deutlich an diesen Worten: „Magen gegen Tom Yan, Darm gegen Curry. Immer verloren die Eingeweide." (Z. 21–23)

5. Es handelt sich um ...

    [X] eine Kurzgeschichte.

    Begründung: Der Text weist typische Merkmale einer Kurzgeschichte auf, z. B.: Er ist relativ kurz und die Handlung erstreckt sich über einen begrenzten Zeitraum. Zwar spielt das Geschehen in Asien, aber trotzdem ist der Protagonist ein normaler junger Mann und kein besonderer Held. Anfang und Schluss sind offen. Weiter ergibt sich ein Wendepunkt, als der Junge über das Internet Kontakt zur Heimat und zu seinen Freunden aufnimmt.

▶ **Lösungen B**
Übungsaufgaben im Stil der Abschlussprüfung

B Übungsaufgaben im Stil der Abschlussprüfung

Übungsaufgabe 1

Hörverstehen

1. a) Liebevoll angelegte Gärten mitten in der Stadt
   Hinweis: vgl. Z.1–6
   b) Es erstaunt, mitten in der Stadt zwischen Hochhäusern oder neben U-Bahnschächten Kleingärten vorzufinden.
   Hinweis: Man würde nicht erwarten, dass jemand dort Obst und Gemüse anbaut.

2. Ziel: Bienen sollen in die Großstadt zurückgeholt werden.
   Mittel 1: An verschiedenen Orten wurden Bienenstöcke aufgestellt.
   Mittel 2: Ein Gartenwettbewerb wurde ausgeschrieben.
   Hinweis: vgl. Z. 18 f. (Ziel), Z. 19–21 (Mittel 1), Z. 23–25 (Mittel 2)

3.
Personengruppe	Was diese Gruppe oft nicht weiß
viele Imker	Welche Pflanzen genau ihre Bienen brauchen, um Nektar zu gewinnen.
viele (Hobby-)Gärtner	Welche Pflanzen sie anbauen können, um ihren Garten zu einem Paradies für Bienen zu machen.

   Hinweis: vgl. Z. 11–17. In der zweiten Zeile könntest du auch noch Folgendes notieren: Die Hobbygärtner wissen oft nicht, dass die Schaffung einer bienenfreundlichen Umgebung mit wenig Aufwand verbunden ist.

4. Der Hobbygärtner pflanzt Gemüse und Obst an. Ihm ist klar, wie wichtig die Bestäubung durch Bienen ist, um eine gute Ernte zu erzielen. Deshalb ist er von dem Projekt begeistert und hat sich gleich zwei Bienenvölker zugelegt.
   Hinweis: vgl. Z. 36–46

5. **Aussagen**

	trifft zu	trifft nicht zu
a) Das Projekt passt zu einer Umweltstiftung des Unternehmens.	☒	☐
b) Man will durch das Engagement für das Projekt Steuern sparen.	☐	☒
c) Das Projekt soll für eine Werbekampagne genutzt werden.	☐	☒

d) Die Biene wird als sympathisches kleines Tier angesehen. [X] [ ]
e) Man erhofft sich davon wissenschaftliche Erkenntnisse. [X] [ ]
f) Das Unternehmen will den Teilnehmern Strom verkaufen. [ ] [X]

Hinweis: Richtig sind nur die Aussagen, die sich dem Hörbeitrag entnehmen lassen. a) Z. 47–49, d) Z. 52 f., e) Z. 54–58

Basisteil

1. In dem Text geht es um eine aktuelle Bewegung, die sich zum Ziel gesetzt hat, brach liegende Flächen in Städten zu begrünen. Dabei gibt es zwei verschiedene Gruppen: Guerilla-Gärtner, die ihre Pflanzaktionen heimlich und illegal vornehmen, und urbane Landwirte, die – meist legal – Gemüse anbauen.

    Hinweis: Als Erstes machst du am besten eine allgemeine Aussage über das Thema des Textes, also die neue Gärtner-Bewegung. Danach nennst du die beiden Gruppen, die im Text thematisiert werden: die Gruppe der Guerilla-Gärtner und die der urbanen Landwirte.

2. a) geheime Treffen
    geheime Aktionen, oftmals im Schutz der Dunkelheit,
    Illegalität
    Hinweis: Z. 1 und Z. 3, Z. 13, Z. 14 f.

    b) „Bombenbasteln" (Z. 2)
    „Sprengkörper explodieren" (Z. 5 f.)
    „die handlichen Geschosse" (Z. 7 f.)
    Hinweis: Diese Ausdrücke stammen aus dem Bereich „Krieg"/„Kampf" und passen somit zu den Guerilleros, die im Untergrund für ihre Sache kämpfen bzw. Krieg führen.

3. Ein urbaner Landwirt führt keine heimlichen Verschönerungsaktionen durch, sondern konzentriert sich auf größere Brachflächen, um dort Nutzpflanzen wie Gemüse anzubauen, das er hinterher verkauft. Das geschieht in der Regel legal, denn er zahlt für das Stück Land, das er bepflanzt, Miete.
    Hinweis: vgl. Z. 55–61, Z. 74–78

B Übungsaufgaben im Stil der Abschlussprüfung

4. **Guerilla-Gärtner wollen ...**

	trifft zu	trifft nicht zu
a) Obst und Gemüse pflanzen.		X
b) die Stadt mithilfe von Pflanzen verschönern.	X	
c) nur brach liegende Plätze nutzen.	X	
d) nicht als Guerilla-Gärtner erkannt werden.		X
e) nur schwer zugängliche Orte begrünen.		X
f) zusammen mit anderen aktiv werden.	X	
g) mit ihren Aktivitäten Geld verdienen.		X
h) für ihre Aktivitäten weitere Anhänger finden.	X	

Hinweis: a) + b) + g) Z. 52–60, c) + e) Z. 9–11, d) + f) Z. 23–28, h) Z. 29–35

5.

Material	Zentrale Aussage	Funktion/en
Text 1	Es gibt in den Städten eine wachsende Bewegung, die sich zum Ziel gesetzt hat, die Stadt grüner zu machen.	informieren und unterhalten
Cartoon	Die Begrünungsaktivisten nutzen jedes freie Plätzchen zur Bepflanzung, sodass die Polizei es nicht (mehr) schafft, gegen die Guerilla-Gärtner vorzugehen.	unterhalten
Text 2	Die Leser werden mithilfe von konkreten Ratschlägen dazu aufgefordert, sich als Guerilla-Gärtner zu betätigen.	appellieren und beraten
Diagramm	In der Stadt Frankfurt gibt es zwar relativ viel Grün, aber nur noch sehr wenige ungenutzte Flächen, auf denen sich Stadtgärtner betätigen könnten.	informieren

Hinweis: <u>Text 1</u>: Formuliere die zentrale Aussage allgemein, ohne schon konkret auf Guerilla-Gärtner oder urbane Landwirte einzugehen. Der Text dient zwar in erster Linie der Information, ist aber auch unterhaltsam angelegt (z. B. die Anspielungen am Anfang).

<u>Cartoon</u>: Die Abbildung nimmt beide Seiten aufs Korn: die teilweise übertriebene Pflanzwut der Guerilla-Gärtner ebenso wie die Polizei, die nicht schnell oder clever genug ist, um die Aktivisten zu schnappen. Die Darstellung im Cartoon ist auf jeden Fall übertrieben und witzig, deshalb steht hier die Unterhaltungsfunktion klar im Vordergrund.

<u>Text 2</u>: Den Lesern wird ganz genau gesagt, wie sie bei Begrünungsaktionen vorgehen sollten. Im Vordergrund steht trotzdem der Appell. Das zeigt sich schon an der Überschrift, die mit einem Ausrufezeichen versehen ist, und an den Imperativformen im Text.

Diagramm: Dem Diagramm ist zu entnehmen, dass von insgesamt 248,3 km² Gesamtfläche der Stadt ca. die Hälfte aus Grünfläche besteht. Allerdings unterliegen fast alle Flächen einer fest vorgegebenen Nutzung: Entweder sind sie bebaut oder asphaltiert (Verkehrsflächen) oder es handelt sich um Sportflächen, Wälder oder andere Anlagen. Das Schaubild ist zur Information der Einwohner gedacht.

6. Ich halte die Äußerung für zutreffend. Die Verfasserin zeigt mit ihrer Darstellung, dass sie ziemlich gute Kenntnisse über das Vorgehen und die Motive der Guerilla-Gärtner hat, sonst könnte sie nicht so genau darüber schreiben. Fast hat man den Eindruck, sie wäre schon einmal bei einer solchen illegalen Begrünungsaktion dabei gewesen. Außerdem sagt sie ausdrücklich, dass die Guerilla-Gärtner positive Ziele verfolgen, nämlich die Verschönerung der Stadt (vgl. Z. 56 f.), und sie regt zum Mitmachen an (vgl. Z. 29 f.).

Hinweis: Hinzu kommt, dass der Text vom NABU, also einem Naturschutzbund, veröffentlicht wurde. Zudem veröffentlicht die Autorin im Text sogar Tipps vom NABU für Begrünungsaktionen (vgl. Z. 37 ff.). Auch das spricht dafür, dass die Verfasserin eine positive Meinung von den Guerilla-Gärtnern hat.

Wahlteil

Wahlteil A

Hinweis: Orientiere dich beim Aufbau deines Aufsatzes an den einzelnen Teilaufgaben. Hebe im Hauptteil zunächst besonders die positiven Aspekte des Guerilla-Gardenings bzw. des Urban Gardenings hervor. Versuche dann, dich in den Schulleiter hineinzuversetzen. Mache es ihm schmackhaft, euch die Genehmigung zu erteilen, z. B., indem du auf den Ruf der Schule verweist (der ist Schulleitern in der Regel wichtig) und dich zu den Folgen für die Stimmung unter den Schülern äußerst (z. B. Gemeinschaftsgeist, Verantwortungsbereitschaft, Identifikation mit der Schule).

Sehr geehrter Herr Hubert,	*Anrede*
Sie haben sicher auch schon bemerkt, dass das Gelände rund um unser Schulgebäude einen ziemlich ungepflegten Eindruck macht. Es gibt kaum richtige Grünflächen; bei genauem Hinsehen wächst auf dem Boden rund um den Schulhof nur noch Unkraut – oder gar nichts. Das war sicher einmal anders gedacht; immerhin kann man hier und da doch noch Reste von Büschen erkennen. Die sind aber längst von Unkraut überwuchert, und das ist auch kein Wunder. Es kümmert sich ja niemand darum. Hinzu kommt, dass dort, wo es eigentlich blühen und grünen sollte, auch noch allerlei Unrat und Müll	*Einleitung:* Beschreibung des Problems (= Anlass): Schulgelände ungepflegt, von Unkraut überwuchert, voller Müll

B Übungsaufgaben im Stil der Abschlussprüfung

herumliegt, z. B. Einwickelpapiere von Süßigkeiten oder leere Plastikflaschen. Ein schöner Anblick ist das nicht! Inzwischen stört es selbst uns Schüler, dass es auf dem Schulgelände so hässlich aussieht. Wir finden, dass wir unbedingt etwas daran ändern sollten!

Ich möchte Ihnen dazu einen Vorschlag machen: Wir Schüler könnten auf dem Schulgelände Begrünungsaktionen durchführen – so ähnlich, wie die Guerilla-Gärtner es tun, von denen man in letzter Zeit hin und wieder hört. Die haben es sich zum Ziel gesetzt, ihre Stadt zu verschönern. Wenn sie Flächen sehen, die völlig ungenutzt sind, dann bepflanzen sie sie oder säen dort Samen aus. Eigentlich dürfen sie das zwar nicht, denn dieses Land gehört der Stadt; deshalb gehen sie dabei meistens heimlich vor, oft sogar erst nach Einbruch der Dunkelheit. (Darum nennen sie sich auch „Guerilla-Gärtner".) Die Polizei drückt aber oft ein Auge zu. Gegen die Begrünungsaktionen wird kaum noch vorgegangen – und das ist ein Glück! Wer mit offenen Augen durch die Stadt geht, bemerkt immer öfter am Straßenrand Stellen, auf denen neuerdings Blumen blühen, z. B. auf Verkehrsinseln oder auf den Ringen um Bäume herum. Früher sahen diese Flächen schrecklich aus – wie die ungepflegten Stellen auf unserem Schulgelände.

Wenn wir Schüler uns die Guerilla-Gärtner zum Vorbild nehmen, könnte es in absehbarer Zeit rund um unsere Schule auch so schön aussehen wie an einigen Straßenrändern. Allerdings wollen wir dabei nicht heimlich vorgehen; deshalb bitte ich Sie hiermit um die Erlaubnis für ein solches „Schul-Gardening". Sie werden sehen, dass sich solche Begrünungsaktionen, die wir Schüler eigenständig durchführen, zum Vorteil der Schule auswirken werden.

Zunächst einmal sieht es dann rund ums Schulgebäude einfach schöner aus, und das wohl dauerhaft. Denn was wir Schüler selbst mit viel Mühe schön gestaltet haben, das werden wir anschließend nicht wieder verschandeln, etwa indem wir aus Bequemlichkeit Abfälle dort hinwerfen, statt zum Papierkorb zu gehen.

Auch auf Besucher unserer Schule würden gepflegte Anlagen einen guten Eindruck machen. Haben Sie noch nie daran gedacht, dass der jetzige Anblick unseres Schulgeländes einige Eltern abschrecken könnte? Die melden ihren Sohn oder ihre Tochter dann vielleicht lieber an einer anderen Schule an, weil sie den Eindruck bekommen, dass man sich hier um nichts

---

Randnotizen:

Notwendigkeit, etwas zu ändern

Hauptteil:
Vorschlag: Begrünungsaktionen durch Schüler
Verweis auf Guerilla-Gärtner, deren Ziel: Verschönerung der Stadt

Guerilla-Gärtner als Vorbilder

Anliegen: Bitte um Erlaubnis für Begrünungsaktionen

Argumente:
Schulgelände sieht schöner aus

guter Eindruck bei Besuchern

kümmert – was natürlich nicht stimmt. Aber der erste Eindruck ist eben oft entscheidend, und der ist zurzeit schlecht und sollte daher besser werden!

Außerdem würden sich solche Aktionen positiv auf unsere Schulgemeinschaft auswirken. Wenn wir gemeinsam anpacken, um unsere Schule zu verschönern, stärkt das den Zusammenhalt und das Gemeinschaftsgefühl unter uns Schülern. Wir werden uns mehr mit unserer Schule identifizieren, wenn wir das Gefühl haben, sie selbst mitgestaltet zu haben. Auch lernen wir dadurch, Verantwortung zu übernehmen, denn jeder Schüler wäre dann für einen bestimmten bepflanzten Abschnitt zuständig und hätte die Aufgabe, ihn zu pflegen und zu bewässern.

positive Auswirkungen auf Schulgemeinschaft: Zusammenhalt und Gemeinschaftsgefühl, Verantwortungsbewusstsein

Wie Sie sehen, spricht vieles dafür, dass wir Schüler wie die „grünen" Stadtaktivisten selbst aktiv werden. So wird es uns sicher gelingen, unser Schulumfeld zu verschönern. Vielleicht richten wir unter der Leitung der Biologielehrer erst einmal eine Arbeitsgemeinschaft ein. Dann können Sie sicher sein, dass alles seinen richtigen Weg geht. Ich hoffe sehr, dass Sie uns unterstützen, indem Sie uns die Genehmigung für die Schulverschönerung erteilen. Das wäre nicht nur gut für den Ruf der Schule, sondern auch für die Atmosphäre unter uns Schülern.

*Schluss:
Bekräftigung der Bitte um Genehmigung*

Zusammenfassung der Hauptvorteile

Mit freundlichen Grüßen
Julian Assam, 10 a

Wahlteil B

Hinweis: *Der Aufbau deines Aufrufs ist durch die einzelnen Teilaufgaben bereits vorgegeben. Schreibe zu jedem Arbeitshinweis mindestens einen Absatz. Da jedes Argument einen eigenen Absatz bekommen sollte, schreibst du zum dritten Arbeitshinweis mindestens drei Absätze. Die Einleitung und den Schluss kannst du jeweils auch unterteilen, falls diese beiden Abschnitte sonst zu lang und kompakt würden. Auch mit der optischen Gestaltung zeigst du nämlich, dass du deinen Text klar strukturiert hast – und dass du an den Leser denkst. Halte dich an diese Faustformel: Neuer Gedanke → neuer Absatz.*

Bedenke immer auch, an welchen Personenkreis sich ein Text richtet. Da du mit deinem Aufruf Schüler deines Alters ansprechen sollst, kannst du dich ab und zu auch etwas lässig ausdrücken, z. B., indem du umgangssprachliche Formulierungen verwendest. Übertreibe es aber nicht.

Schützt unsere Pflanzen!

Gestern Morgen musste ich auf dem Weg zur Schule eine schlimme Entdeckung machen: Es gibt Leute, die ihr Umfeld verschandeln, indem sie mutwillig junge Pflanzen zerstören. Damit ihr versteht, was ich meine, erzähle ich mal etwas genauer, was passiert ist:

Vor zwei Wochen habe ich zusammen mit drei Freunden auf einem Seitenstreifen in der Bülowstraße eine Pflanzaktion durchgeführt. Wir besorgten uns ein paar Samentüten, säuberten den Boden und lockerten ihn auf, legten die Samen in die Erde, gossen die Stelle täglich – und warteten ab. Vor ein paar Tagen konnten wir voller Freude tatsächlich die ersten Keime sehen. „Bald wird es hier grün und bunt!", freuten wir uns schon. Aber das war leider zu früh. Gestern Nacht machten sich nämlich ein paar gedankenlose Randalierer einen Spaß daraus, die zarten Pflänzchen platt zu trampeln oder herauszureißen. Wahrscheinlich war dabei Alkohol im Spiel, denn die Übeltäter hinterließen ein paar leere Bierflaschen. Versteht ihr nun, weshalb ich so empört bin?

Aus diesem Grund wende ich mich jetzt an euch. Ich möchte euch bitten, mich und meine Freunde künftig bei unseren Pflanzaktionen zu unterstützen.

Vielleicht fragt ihr euch, wieso wir überhaupt auf die verrückte Idee kommen, einfach irgendwo am Straßenrand Blumen zu pflanzen. Dazu möchte ich sagen: Wir sind keineswegs die Einzigen, die so etwas tun. Habt ihr noch nie von Guerilla-Gärtnern gehört? Das sind Leute, die ihre Stadt verschönern wollen, indem sie brach liegende Flächen bepflanzen. Eigentlich ist das illegal, denn das Land gehört der Stadt. Deshalb führen die Guerilla-Gärtner ihre Aktionen in der Regel auch heimlich durch, oft im Dunkeln. (Aber inzwischen geht die Polizei kaum noch gegen sie vor, wahrscheinlich weil die zuständige Behörde die Aktivitäten der Guerilla-Gärtner wohl insgeheim gutheißt.)

Es gefällt uns, dass Leute selbst aktiv werden, um ihre Stadt zu verschönern. Sie haben uns auf die Idee mit unserer Pflanzaktion gebracht: Wir dachten, dass wir auch etwas dazu beitragen könnten, ein bisschen Farbe in das triste Grau in unserem Umfeld zu bringen. Weil die Bülowstraße ziemlich nah bei der Schule liegt und wir jeden Tag dort vorbeikommen, haben wir uns genau in dieser Straße nach einem ungenutzten Randstreifen umgeschaut und sind da tätig geworden. Wenn die

Einleitung:
Empörung über Vandalismus nach Pflanzaktion

Beschreibung des vorausgehenden Vorfalls

Appell an die Leser:
Bitte um Unterstützung

Hauptteil:
Information über Guerilla-Gärtner

Ziel: Verschönerung der Stadt
eigentlich illegal

Argumente:
Eigeninitiative, selbst aktiv werden

Pflanzen nicht zerstört worden wären, sähe es dort bald richtig hübsch aus – und daran hätten nicht nur wir Freude, sondern alle Leute, die dort tagtäglich vorbeikommen, also auch ihr.

Solche Pflanzaktionen machen auch richtig Spaß. Man hat einerseits das Gefühl, dass man etwas Gutes tut – und andererseits hat es den Reiz des Verbotenen. Das führt dazu, dass man richtig ein bisschen aufgeregt ist, wenn man anfängt, am Straßenrand zu buddeln und Samen zu säen. Aber das ist nur ein Nebeneffekt. Wichtiger ist, dass wir so wieder ein wenig mehr Kontakt mit der Natur bekommen. Wer von euch hat denn schon mal erlebt, wie es ist, wenn man es schafft, aus einem Samen eine Pflanze zu ziehen, die erst noch ganz klein und zart ist und dann immer größer und schöner wird? Ich sag's euch: Das ist ein richtig gutes Gefühl! *Spaß, Reiz des Verbotenen*

Wir werden jedenfalls nicht aufgeben, selbst wenn unser erster Versuch gescheitert ist. Ihr könnt davon ausgehen, dass wir demnächst wieder mit Samentüten unterwegs sind. Diesmal bitten wir euch aber um eure Unterstützung. Helft mit, die neuen Pflanzen zu schützen! Wenn ihr seht, dass jemand an einer Pflanze herumreißt oder darauf herumtrampelt, dann mischt euch ein. Versucht ihn oder sie zum Aufhören zu bewegen. Vielleicht führt euer Protest ja dazu, dass auch diesen Typen irgendwann ein Licht aufgeht und sie solchen Mist sein lassen. **Schluss:** *Bitte um Unterstützung*

Übrigens freuen wir uns immer über Verstärkung: Ihr seid also herzlich eingeladen, beim nächsten Mal mitzumachen. Wenn ihr wissen wollt, wann wir wieder aktiv werden, könnt ihr mich in der Schule ansprechen. Oder ihr schreibt mir auf Facebook. Dort verabreden wir uns regelmäßig. Wir müssen schließlich nicht nur gut organisiert, sondern auch spontan sein. Übers Internet geht das am besten. So vereinbaren wir immer, wer welche Verantwortung übernimmt, z.B. wer mit dem Gießen an der Reihe ist. *Einladung zur Beteiligung*

Na – wie sieht's aus? Wer macht mit? Meldet euch! *Schlussappell*

Laurin Grün, 10 b

… Übungsaufgaben im Stil der Abschlussprüfung

Übungsaufgabe 2

Hörverstehen

1. Ein Roboter, der äußerlich Gemeinsamkeiten mit der Comicfigur Obelix hat.
   Hinweis: Z. 1–3, auch: Überschrift

2. Der Beitrag handelt von einem Experiment, das Freiburger Informatiker durchführen: Ein von ihnen entwickelter Roboter soll selbstständig in der Stadt Freiburg einen bestimmten Weg zurücklegen, was er auch schafft.
   Hinweis: vgl. Z. 29–33

3. Die Wissenschaftler testen, ob der Roboter ganz allein den Weg von der Universität bis ins Zentrum der Stadt Freiburg rollen kann.
   Passanten testen, ob sie den Roboter zum Anhalten bringen können, indem sie sich ihm in den Weg stellen.
   Hinweis: Test der Wissenschaftler: Freiburger Informatiker haben einen Roboter entwickelt, der selbstständig einen bestimmten Weg in der Stadt zurücklegen soll. Test der Passanten: vgl. Z. 104–109.

4. - Roboter verliert die Orientierung, weiß nicht mehr, wo er ist
   - Menschen versperren dem Roboter den Weg bzw. die Sicht
   - Roboter stößt auf Hindernis (z. B. Sand, Büsche)
   - Roboter erreicht Ziel nicht

   Hinweis: vgl. Z. 9f., Z. 14–18, Z. 37–42, Z. 48f.

5. Der Roboter ist so programmiert, dass er in bestimmten Situationen, z. B. vor dem Überqueren einer Straße, anhalten und erst um Erlaubnis fragen muss, ehe er weitergehen darf. Das ist eine Sicherheitsmaßnahme.
   Hinweis: vgl. Z. 64–68

6. **Zu Wort kommen:**

	trifft zu	trifft nicht zu
a) ein Polizist		X
b) der Projektleiter	X	
c) Obelix	X	
d) eine Passantin	X	

e) der Enkel der Passantin	☐	☒
f) drei Jungen	☐	☒
g) zwei Forscher	☒	☐
h) ein Fotograf	☐	☒

Hinweis: b) Z. 90 ff., c) Z. 1 ff. und Z. 120 f., d) Z. 104–109 und Z. 113–116, g) Z. 13–18 und Z. 36–45

Basisteil

1. **Text 1:** Es handelt sich um einen Lexikoneintrag. Der Leser erfährt, was ein Roboter ist und woher der Begriff „Roboter" stammt.
   Text 2: Der Verfasser informiert in dieser Reportage darüber, welche Aufgaben Roboter heute schon übernehmen können, und stellt Überlegungen zum möglichen Einsatz dieser „Maschinenmenschen" in der Gesellschaft von morgen an.

   Hinweis: Wenn zwei Texte dasselbe Thema behandeln, musst du überlegen, welche Gesichtspunkte jeweils die entscheidende Rolle spielen.

2.

	passt zu Text 1	passt zu Text 2
a) Es werden Aufgaben genannt, die Roboter bereits ausführen können.	☐	☒
b) Der Begriff „Roboter" wird auf einen Science-Fiction-Autor zurückgeführt.	☒	☐
c) Man erfährt, wo Roboter heute schon zum Einsatz kommen.	☐	☒
d) Der mögliche Einsatz von Robotern wird für die Zukunft als sinnvoll angesehen.	☐	☒
e) Es wird eine Definition des Begriffs „Roboter" gegeben.	☒	☐
f) Die Vorstellungen von einem Roboter haben sich im Laufe der Zeit geändert.	☒	☐
g) Man weiß noch nicht, ob Roboter irgendwann ganz normal in einem Haushalt eingesetzt werden.	☐	☒
h) Das Wort „Roboter" ist auf ein slawisches Wort zurückzuführen, das so viel bedeutet wie „harte Arbeit".	☒	☐

B Übungsaufgaben im Stil der Abschlussprüfung | 79

Hinweis: a) Text 2: Z. 3–9, Z. 14–19, Z. 24–33; b) Text 1: Z. 6–9; c) Text 2: Z. 9–14, Z. 33–37; d) Text 2: Z. 38–47; e) Text 1: Z. 1–4; f) Text 1: Z. 4f.; g) Text 2: Z. 98ff.; h) Text 1: Z. 9–13

3.

Der Verfasser will die Leser ...	nur unterhalten.	nur informieren.	sowohl informieren als auch unterhalten.	weder informieren noch unterhalten.
Text 1	☐	☒	☐	☐
Text 2	☐	☐	☒	☐

Hinweis: Text 1 ist ausschließlich informativ, denn es fehlt jede Veranschaulichung anhand von Beispielen. Es wird lediglich die Entstehung und der Bedeutungswandel des Begriffs „Roboter" erklärt, und das ganz sachlich.
Text 2 ist einerseits informativ, weil er sachlich beschreibt, welche Aufgaben Roboter jetzt und in Zukunft übernehmen können. Aufgrund der vielen Beispiele wirkt die Darstellung aber sehr anschaulich und damit auch unterhaltsam.

4. Ist es möglich, Roboter zu einem akzeptablen Preis herzustellen?
   Werden Roboter von den Bewohnern eines Haushalts akzeptiert – und wie sehr sollten sie Menschen ähneln?
   Was passiert, wenn ein Roboter einen Schaden anrichtet?
   Hinweis: Text 2: Z. 94 ff., Z. 98–102, Z. 102–105

5. a) Das Foto zeigt Besucher einer Messe, die einen Roboter anschauen. Dieser Roboter sieht fast aus wie eine lebendige junge Frau, und sie lächelt. Erst bei genauem Hinsehen erkennt man, dass es sich um einen Roboter handelt, denn Mimik und Körperhaltung wirken sehr starr.
   b) Im Text heißt es, dass die Besucher auf einen Roboter, der lächelt, ebenfalls mit Lachen reagieren würden (vgl. Z. 3–5). Die Besucher, die auf dem Foto zu sehen sind, lachen aber nicht. Sie wirken eher ernst bis skeptisch.
   Hinweis: Vor allem die beiden kleinen Jungen im Vordergrund wirken ernst und skeptisch. Sie sehen so aus, als könnten sie gar nicht glauben, dass es sich bei der Frau um einen Roboter handelt.

6. a) Das Diagramm zeigt, was bestimmte Personenkreise über den Einsatz von Servicerobotern im privaten Bereich denken. Vor allem Techniker würden es befürworten, Roboter dort einzusetzen, nämlich 75 Prozent von ihnen. An zweiter Stelle stehen die Rentner mit 56 Prozent, gefolgt von Pflegekräften mit 50 Prozent Zustimmung.

b) Möglicherweise befürworten besonders Techniker den Einsatz von Robotern, weil sie beruflich mit Technik zu tun haben und deshalb offenbar eine positive Einstellung zu technischen Neuerungen haben. Rentner hoffen wahrscheinlich, durch den Einsatz von Robotern länger selbstständig bleiben zu können, weil diese Dinge für sie erledigen können, die sie vielleicht selbst nicht mehr bewältigen. Pflegekräfte könnten denken, dass Roboter ihnen die Arbeit mit pflegebedürftigen Personen erleichtern, z. B., indem sie ihnen das Servieren von Essen abnehmen.

Hinweis: Auch wenn das Diagramm keine Auskunft über die möglichen Gründe gibt, die zu den Ergebnissen geführt haben, lassen sich doch einige begründete Vermutungen dazu anstellen. Berücksichtige dazu sowohl die Arbeit der verschiedenen Personenkreise als auch deren mögliche persönliche Interessen.

Wahlteil

Wahlteil A

Hinweis: Orientiere dich beim Schreiben an den Arbeitshinweisen. Sie sind wie Teilaufgaben, die du nacheinander bearbeiten sollst. Achte darauf, dass du den Hauptteil in mehrere Abschnitte untergliederst, sonst wirkt er zu lang und unstrukturiert. Beginne einen neuen Absatz z. B. jeweils dann, wenn du von einer weiteren Einsatzmöglichkeit von Robotern sprichst. Denke auch daran, dass du erst am Schluss deine persönliche Meinung zum Einsatz von Robotern sagen sollst. Vorher geht es nur darum, Sachinformationen zu vermitteln.

Es ist Montagmorgen, kurz nach sieben Uhr. „Aufstehen!", ruft eine Stimme neben dir. Das ist Toby, dein persönlicher Roboter. Du stehst lieber gleich auf und gehst ins Bad, denn du weißt: Wenn du im Bett liegen bleibst, wird Toby dir in fünf Minuten die Bettdecke wegziehen, und das magst du nicht. Nachdem du geduscht und dich angezogen hast, gehst du in die Küche, um zu frühstücken. Der Tisch ist bereits gedeckt; in einer Tasse dampft der Kaffee. – Könnte der Alltag irgendwann, vielleicht in zwanzig Jahren, so aussehen? Zukunftsforscher halten das nicht für unmöglich.

Einleitung:
Hinführung zum Thema:
Schildern einer Zukunftsvision

Schon heute können Roboter viele verschiedene Aufgaben erledigen: Sie können staubsaugen, den Rasen mähen, Geschirr in die Spülmaschine räumen, Lasten heben und anderes mehr. Nicht alle Roboter werden als „Arbeitskräfte" eingesetzt. Einige dieser chipgesteuerten Automaten dienen auch als Spielzeug für Kinder. Sie sind dann mit Fell ummantelt, damit sie

Hauptteil:
Was Roboter heute schon können:
Arbeitskräfte
Spielzeug für Kinder

B Übungsaufgaben im Stil der Abschlussprüfung

sich weich und kuschelig anfühlen. Und es gibt auch Roboter, die Fußball spielen können. Diese technische Entwicklung wird auch so weitergehen. Die nächsten Generationen von Robotern werden noch ganz andere Dienste leisten können.

In einer Gesellschaft, die immer älter wird, hofft man vor allem, dass sich Roboter bei der Betreuung alter Menschen einsetzen lassen. Den Alten würde das ermöglichen, länger in ihrer eigenen Wohnung zu leben. Ein Roboter könnte Arbeiten für sie erledigen, die ihnen unmöglich oder zu mühsam sind. Eine alte Frau hätte vielleicht Probleme dabei, sich zu bücken, um etwas vom Fußboden aufzuheben. Das würde sie dann ihren Roboter machen lassen.

Einsatzmöglichkeiten für Roboter:
bei der Betreuung älterer Menschen

Auch in Krankenhäusern könnten solche Menschenautomaten eingesetzt werden. Schon heute herrscht ein Mangel an Pflegekräften, und deren Arbeit ist schwer. So ist es kein Wunder, dass in einer Umfrage fünfzig Prozent der Pflegekräfte angaben, sie würden den Einsatz von Robotern befürworten. Die wären z. B. darauf spezialisiert bei der Essensausgabe eingesetzt zu werden.

in Krankenhäusern

Kuschelige Spielzeugroboter lassen sich so programmieren, dass sie auf bestimmte Berührungen oder Laute reagieren. Sie können bei demenzkranken Patienten eingesetzt werden, um diese zu beruhigen. Oder sie bereiten Kindern Vergnügen. In Japan gibt es schon viele Plüschtiere, die sich bewegen und die Laute von sich geben, z. B. den weißen Seehund Paro, der sehr beliebt ist.

zur Beruhigung demenzkranker Patienten

als Spielzeuge für Kinder

Roboter lassen sich auch dort einsetzen, wo es für Menschen gefährlich wäre. Als die Strahlenwerte rund um das Atomkraftwerk in Fukushima sehr hoch waren, wurden dort Roboter hingeschickt. Sicher ließen sich solche Automaten auch bei Aufräumarbeiten nach Naturkatastrophen einsetzen. Oder sie sind mit Webcams ausgestattet und dienen der Überwachung, um für mehr Sicherheit zu sorgen.

in gefährlichen Gegenden/Situationen

zur Überwachung

Es gibt jedenfalls heute schon ganz vielfältige Möglichkeiten für den Einsatz von Robotern, und man kann davon ausgehen, dass es in Zukunft noch sehr viel mehr geben wird. Die Entwicklung geht schließlich weiter.

→ vielfältige Einsatzmöglichkeiten

Aber so sehr sich die Techniker auch darum bemühen, Roboter immer menschenähnlicher zu machen: Irgendwann werden sie doch an ihre Grenzen stoßen. Man darf nicht vergessen, dass diese dienstbaren Gefährten nie etwas anderes sein werden als Maschinen, selbst wenn sie auf den ersten Blick lebendigen Menschen sehr ähnlich sehen.

Erwartungen, die Roboter wohl nicht erfüllen werden:

Das liegt vor allem daran, dass sie keine Emotionen haben. So können sie auch keine Gefühle zeigen; die Chips, die ihre Mimik steuern, lassen nämlich nur eine begrenzte Anzahl von Bewegungen zu.

echte Gefühle entwickeln und zeigen

Aber wäre es wirklich wünschenswert, dass Roboter eines Tages so weit entwickelt sind, dass sie sich kaum noch von echten Menschen unterscheiden lassen? Wahrscheinlich nicht! Das würde bestimmt für große Verwirrung sorgen und vielleicht sogar Ängste auslösen. Als dienstbare Geister mögen sie im Haushalt und im Arbeitsleben dazu beitragen, dass den Menschen lästige Arbeiten abgenommen werden, z. B. das Staubsaugen. Und bestimmt wird es amüsant sein, mit anzusehen, wie eine Roboter-Fußballmannschaft gegen den Fußballweltmeister antritt, wie es für 2050 geplant ist. Aber Roboter können Menschen nur unterstützen. Ersetzen können sie sie nicht!

Schluss:
persönliche Meinung

Roboter nur zur Unterstützung, nicht als Ersatz von Menschen

Wahlteil B

*🖉 **Hinweis:** Bedenke, dass du das Schreiben laut Aufgabenstellung nur vorbereiten sollst. Das heißt natürlich nicht, dass du keinen wohlgeformten Text schreiben sollst. Es bedeutet nur, dass du auf die formalen Kennzeichen eines Briefs (Name und Anschrift des Empfängers, Name und Anschrift des Schreibers, Datum, Unterschrift) verzichten kannst. Du gehst dann gewissermaßen davon aus, dass dein Chef das ergänzt. Es ist aber auch nicht falsch, wenn du diese Angaben dennoch notierst.*

Der Kern der Stellungnahme besteht aus Argumenten, die für oder gegen den Einsatz von Robotern in Kindertagesstätten sprechen. Ordne deine Argumente so an, dass eine Steigerung nach Wichtigkeit zu erkennen ist. Spare dir dein entscheidendes Argument für den letzten Absatz des Hauptteils auf.

Am Anfang deines Texts beziehst du dich auf den Anlass des Schreibens, und am Schluss bekräftigst du noch einmal deine eigene Position. Verweise dabei noch einmal auf deinen entscheidenden Gedanken. Achte aber darauf, dass du dich im Schlussabsatz nicht wiederholst. Verwende andere Formulierungen als im Hauptteil.

Sehr geehrte Damen und Herren,

Anrede

Sie baten mich, dazu Stellung zu nehmen, ob der Einsatz von Robotern in Kindertagesstätten eine gute Möglichkeit wäre, um das Problem des Personalmangels in den Griff zu bekommen. Um es gleich deutlich zu sagen: Ich halte wenig von dieser Idee.

Einleitung:
Anlass: Bitte um Stellungnahme

Eigene Position: gegen den Robotereinsatz

Es kann natürlich sein, dass die Kinder einen solchen Roboter als willkommenes Spielzeug ansehen. Angenommen, es gäbe in jeder Kindergartengruppe einen Roboter, dann könnte man gewiss davon ausgehen, dass er zunächst im Mittelpunkt des Interesses stünde. Er wäre für die Kinder gewissermaßen der Star. Eine Weile wäre die jeweilige Erzieherin vielleicht etwas entlastet, weil sie sich nicht so intensiv mit der Gruppe beschäftigen müsste. Allerdings glaube ich, dass das Interesse der Kinder an einer solchen Menschenmaschine nicht von Dauer sein wird. Irgendwann werden sie sich an das neue „Gruppenmitglied" gewöhnt haben, und spätestens, wenn sie merken, dass dessen Möglichkeiten begrenzt sind, wird das Interesse deutlich zurückgehen. Eine dauerhafte Entlastung des Personals wäre also nicht zu erwarten.

Hauptteil:
Entkräften eines möglichen Gegenarguments:
Roboter als willkommenes Spielzeug
→ zeitweise Entlastung des Personals

Zwar könnten Roboter wahrscheinlich, sofern sie entsprechend weit entwickelt wären, einige Dienstleistungen übernehmen, beispielsweise das Servieren von Essen und das Reinigen von Tischen und Fußböden. Aber wie viel Personal würde dadurch tatsächlich eingespart? Ich denke, so ein Roboter eignet sich allenfalls für das Ausführen einfacher Tätigkeiten. Er könnte den Erziehern also höchstens einen sehr kleinen Teil ihrer Arbeit abnehmen.

1. Argument:
Roboter nur für einfache Tätigkeiten geeignet

Kinder brauchen Menschen als Bezugspersonen. Es genügt nicht, dass ihnen eine Maschine den Mund abwischt. Sie brauchen Trost, wenn sie sich wehgetan haben, und Unterstützung, wenn es zu Konflikten mit anderen Kindern kommt. Solche alltäglichen Hilfestellungen sind ein wichtiger Bestandteil der Erziehertätigkeit. Ein Automat kann das aber nicht leisten, da ihm die nötige Flexibilität und das Einfühlungsvermögen fehlen.

2. Argument:
Kinder brauchen Menschen als Bezugspersonen

Vor allem aber: Roboter können nicht erzieherisch tätig werden – und somit die eigentliche Aufgabe von Erziehern nicht übernehmen. Solche Automaten führen nur aus, wofür sie programmiert sind. Sie können nicht eigenständig denken und deshalb können sie sich auch keine Ziele setzen und keine Verantwortung übernehmen. Auch sind sie nicht in der Lage, mit Kindern richtig zu kommunizieren, weil sie nur vorgegebene Äußerungen abspulen können. Erzieher spielen in unserer Gesellschaft eine wichtige Rolle: Sie sollen die Kleinsten auf die Welt von morgen vorbereiten, indem sie ihnen vielfältige Lernanregungen geben. Ein Roboter kann das nicht leisten, da ihm eigenständiges Handeln nicht möglich ist. Kinder

3. Argument:
Roboter können nicht erzieherisch tätig werden, nur Befehle ausführen

aber brauchen Impulse von außen und die Möglichkeit, sich mit anderen Menschen aktiv auseinanderzusetzen, um sich entwickeln zu können.

Die Idee, Roboter in Kindertagesstätten einzusetzen, um den Mangel an ausgebildeten Erziehern wettzumachen, halte ich daher für völlig abwegig. Die Kinder von heute sind unsere Zukunft. An dieser Stelle durch den Einsatz von Robotern sparen zu wollen, wäre völlig falsch. Stattdessen sollte lieber etwas dafür getan werden, dass der Erzieherberuf attraktiver wird. Dann wird sich der Personalmangel nach und nach von selbst lösen.

Schluss:
Bekräftigung der eigenen Position
Verweis auf Hauptgedanken

Mit freundlichen Grüßen

▶ Lösungen C
Original-Prüfungsaufgabe
Realschulabschluss/
Sekundarabschluss I
Niedersachsen
Deutsch 2016

Hörverstehen

✏ **Hinweis:** Beim Hörverstehen geht es in erster Linie darum, die wesentlichen Inhalte des Hörtextes zu erfassen. So wird z. B. erwartet, dass du zunächst den Inhalt kurz mit deinen Worten zusammenfasst. Die Überprüfung des Detailverständnisses erfolgt durch gezielte Fragestellungen zu einzelnen inhaltlichen Aspekten des Hörtextes sowie einen Multiple-Choice-Teil.
Da du den Hörtext zweimal hörst und dir erst beim zweiten Hören Notizen machen darfst, solltest du dich beim ersten Mal auf das grobe Textverständnis konzentrieren: Worum geht es ganz allgemein in dem Radiobeitrag und welches ist der Hauptgedanke, der verfolgt wird? Nach dem ersten Hören wirst du in der Regel festgestellt haben, welches Thema bzw. welchen Hauptgedanken der Hörtext verfolgt, und kannst gezielt auf weitere Details achten, wie z. B. besondere Verhaltensweisen oder Einstellungen der Person, über die berichtet wird. Unter Berücksichtigung dieser Aspekte kannst du dir dann beim zweiten Hören Notizen machen.

1. In dem Radiobeitrag geht es um den Lebensweg des Schriftstellers Hermann Hesse. Insbesondere liegt ein Schwerpunkt auf der schwierigen Beziehung des jungen Hermann Hesse zu seinem Vater.

   ✏ **Hinweis:** Bei dieser Aufgabe geht es darum, den Inhalt des Textes kurz zusammenzufassen. Dabei sollst du <u>nicht</u> ins Detail gehen, sondern es wird erwartet, dass du den Kerngedanken des Beitrags nennst und den Inhalt so darstellst, dass eine außenstehende Person weiß, worum es in dem Beitrag geht, auch wenn sie ihn nicht gehört hat. Die Wörter „kurz" und „zusammenfassen" machen dies deutlich.

2. Hermann Hesse wirft seinem Vater vor, er habe ihn zur Verzweiflung gebracht, indem er ihn in eine Nervenheilanstalt hat einweisen lassen, um sich seiner zu entledigen. Hesse beschuldigt seinen Vater also, er wolle ihn loswerden.

   ✏ **Hinweis:** In dieser Aufgabe wird dein Detailverständnis erwartet. Du sollst herausfinden, was Hermann Hesse in seinem Brief aus der Nervenheilanstalt seinem Vater vorwirft. Es sind mehrere Antwortmöglichkeiten denkbar, du musst aber nur eine ausführen. Vgl. Z. 51 ff.

3. [X] Er büxt aus dem Internat aus.
   [X] Er setzt sich als 15-jähriger Schüler mit einem heftigen Brief bei seinem Vater durch.
   [X] Er bricht nach der Mittleren Reife kurzerhand die weitere Schulausbildung ab.
   [X] Er hält unbeirrt und schließlich erfolgreich an seinem Wunsch fest, Schriftsteller zu werden.

   ✏ **Hinweis:** Hier musst du vier richtige Antworten finden. Eine falsche Entscheidung führt dazu, dass du einen halben Punkt abgezogen bekommst. Die gesuchten Informationen findest du der Reihe nach in Z. 38–40, 70–72, 77 f., 83 f. und 89 ff.

4. Für Hesse ist der Begriff „Eigensinn" wörtlich zu nehmen. Alles hat seinen eigenen Sinn: jedes Ding, jedes Lebewesen – alles lebt, fühlt und handelt nach seinem eigenen Sinn. Hesse selbst verstand dies als Lebensmotto, welches mit „Sei du selbst" zusammengefasst werden könnte.

Hinweis: In dieser Teilaufgabe geht es darum, den Begriff „Eigensinn" aus der Sicht Hermann Hesses zu erklären. Was Hesse darunter versteht, erfährst du ganz am Ende des Hörbeitrags (vgl. Z. 98 ff.).

5. Es ist außergewöhnlich, dass ein 15-jähriger Junge seinem Vater so deutlich, vorwurfsvoll und provozierend einen Brief schreibt, und das bereits vor mehr als 120 Jahren. Hesse wird hier als sehr mutig und fast schon revolutionär wahrgenommen. Dieses Bild des Rebellen zieht viele Jugendliche an.

Außerdem war es Hesse ein Anliegen, dass man auch als Jugendlicher die Möglichkeit haben sollte, seinen eigenen Weg zu finden. Dabei stieß er selbst auf Hindernisse und Gegenwehr, genau wie viele Jugendliche heute auch, die Eltern oder Erwachsenen häufig kritisch gegenüberstehen und diese oft als Gegner oder Feinde sehen.

Hinweis: In dieser Teilaufgabe geht es darum zu erläutern, warum Hesse möglicherweise jüngere Leute anspricht und warum diese von ihm fasziniert sein könnten. Bei dieser Antwort solltest du insbesondere den Inhalt des Briefes an den Vater (Z. 47 ff.) und die Sprecherinformationen am Anfang (Z. 12–29) berücksichtigen.

Basisteil

Hinweis: Wenn du die einzelnen Teilaufgaben des Basisteils sorgfältig bearbeitest, dann kannst du damit bereits deinen folgenden Wahlteil vorbereiten. Denn die Wahlteile behandeln dasselbe Thema wie der Basisteil. Insbesondere im Wahlteil A wird an vielen Stellen Bezug auf den Basisteil genommen. Im Wahlteil B kannst du ebenfalls deine Ergebnisse des Basisteils in den Leserbrief einfließen lassen.
Verschaffe dir zunächst einen Überblick über die gesamte Arbeit. Lies dazu sorgfältig die Teilaufgaben und Texte des Basisteils und die der Wahlteile A und B durch.

1. Der Artikel „Woran kann ich mich orientieren?" von Wilhelm Schmid, der im Jahr 2012 im Magazin „Geo Wissen" erschienen ist und auch im Internet veröffentlicht wurde, beschäftigt sich mit der Frage, wie Jugendliche am besten mit ihrer Freiheit umgehen, und gibt als Antwort, dass jeder seinen eigenen Weg finden muss.
Wilhelm Schmid beschreibt in dem Artikel seinen eigenen Lebensweg, der nicht geradlinig verlaufen ist, sondern immer wieder Umwege eingeschlossen hat. Er stellt fest, dass es in der heutigen Zeit große Freiheiten in Bezug auf die Berufsfindung gibt, und leitet aus seinen eigenen Erfahrungen ab, dass es sehr förderlich ist, wenn man auf dem Weg zum späteren Beruf unterschiedliche Dinge ausprobiert, auch wenn dies Zeit kostet. Das entscheidende Kriterium für Schmid ist, dass junge Erwachsene etwas kennenlernen, selbst wenn sie dabei nur herausfinden, dass ihnen gerade das nicht gefällt.

Hinweis: In dieser ersten Teilaufgabe geht es darum, eine kurze Zusammenfassung des Textes von Wilhelm Schmid zu schreiben. Für die Zusammenfassung kannst du dich an den Merkmalen der Inhaltsangabe orientieren. Diese sind: Der Einleitungssatz enthält den Namen des Verfassers, das Erscheinungsjahr (sofern bekannt), die Textsorte und den Titel des Textes sowie einen zusammenfassenden Satz über den Inhalt. Bei einem nicht literarischen Text ist dies das Thema, mit dem sich der Autor beschäftigt. Beachte außerdem, dass die Zusammenfassung im Präsens steht (bei Vorzeitigkeit Perfekt), dass keine wörtliche Rede verwendet wird, die Informationen auf das Wesentliche (Kernaussage) beschränkt und sachlich dargestellt werden sollen.

2.
   - „Du musst die Antwort selbst finden. Ich kann dir nicht sagen, was du tun sollst." (Z. 13–15)
   - „Ich habe [...] jeden Tag dieser Lehre verflucht." (Z. 19–21)
   - „[...] dass sie auf Anhieb durchstarten." (Z. 34)
   - „Meine Tochter hatte ein irres Interesse an Jura [...]." (Z. 37 f.)
   - „Das ist es nicht." (Z. 40)
   - „[...] eines Tages wird sie irgendwo reinrutschen und ihr Ding machen." (Z. 49 f.)

Hinweis: In dieser Teilaufgabe wird erwartet, dass du Textbeispiele findest, in denen der Autor versucht, eine Nähe zu den jungen Leuten herzustellen, indem er sie direkt anspricht oder von der schriftlichen Standardsprache abweicht und Umgangssprache verwendet. Du musst dich in dieser Aufgabe also mit dem Unterschied zwischen Schriftsprache und Umgangssprache auseinandersetzen. Außerdem wird erwartet, dass du richtig zitierst (Anführungszeichen, genau übernommener Wortlaut, Angabe der Textstelle). Für jedes passende Zitat erhältst du einen halben Punkt. Vier korrekte Textstellen genügen.

3.
- fehlende finanzielle Voraussetzungen – kein Geld, um zu reisen, eine teure Ausbildung zu finanzieren oder vom Wohnort wegzuziehen
- kein entsprechender Bildungsabschluss oder nicht ausreichend gute Noten, um eine bestimmte Ausbildung oder ein Studium zu absolvieren
- mangelnde Unterstützung aus dem sozialen/familiären Umfeld – Eltern sind dagegen, dass man den Ort verlässt oder eine bestimmte Ausbildung beginnt ...
- fehlende Informationen, was man eigentlich machen kann, welche Möglichkeiten man hat
- Angst bzw. hohes Sicherheitsbedürfnis – man möchte dort bleiben, wo man sich auskennt, statt in der Fremde zu leben
- geringe oder fehlende Motivation, sich auf etwas Neues einzulassen
- körperliche Beeinträchtigungen

Hinweis: Für diese Aufgabe ist es ausreichend, drei Gründe zu nennen, welche aus deiner Sicht die Möglichkeit des Ausprobierens für junge Menschen einschränken. Dabei musst du nicht zwingend ganze Sätze schreiben, Stichworte sind erlaubt. Die Antworten findest du bei dieser Aufgabe nicht im Text, sodass du dir selbst überlegen musst, welche einschränkenden Gründe es geben kann. Frage dich z. B., was dich selbst daran hindern könnte, nach deinem Abschluss Dinge einfach auszuprobieren.

4.

Aussagen	trifft zu	trifft nicht zu
Der Vater hält nichts von den beruflichen Bemühungen seines Sohnes.	X	
Der Sohn möchte unbedingt Buchhändler werden.		X
Der Sohn beklagt sich, dass der Vater ihn nicht ausreichend finanziell unterstützt.		X
Der Sohn ist krank und deshalb nicht in der Lage zu arbeiten.		X
Der Sohn zieht es vor, einen Brief zu schreiben, um die direkte Auseinandersetzung mit seinem Vater zu vermeiden.	X	

Der Sohn befürchtet, dass sein Vater die Absicht haben könnte, ihn erneut in eine psychiatrische Einrichtung einzuweisen/einweisen zu lassen. |X| | |

Hinweis: In dieser Teilaufgabe geht es darum, dein Leseverständnis mithilfe von Richtig-/Falsch-Aussagen zu überprüfen. Lies am besten zunächst alle Aussagen durch, bevor du den Text liest. Häufig stößt du dann bereits beim ersten Lesen auf Inhalte, die dir bei der Einschätzung helfen, ob eine Aussage richtig oder falsch ist. Aussage 1: vgl. Z. 21–26; Aussage 2: vgl. Z. 26–30; Aussage 3: vgl. Z. 56f; Aussage 4: vgl. Z. 9–19; Aussage 5: vgl. Z. 1–7; Aussage 6: vgl. Z. 36–39.

5.

Früher (Text 2)	Heute (Text 1)
• Ausüben von Druck, damit das Kind den Wünschen und Vorstellungen der Eltern folgt	• Zuversicht/Vertrauen in die Fähigkeiten und das eigene Urteilsvermögen des Kindes
• Sicherheit, Wahl eines sicheren Berufs, statt „brotloser Künste"	• Unterschiedliches ausprobieren, um den eigenen Weg zu finden
• feste Pläne der Eltern für die Kinder, ggf. Zwang zu etwas, wozu das Kind keine Lust hat/ was ihm nicht liegt	• experimentieren lassen, um herauszufinden, was das Kind selbst möchte/was das Richtige für es ist
• äußere Einschränkungen, fehlende Freiheit, selbst zu entscheiden	• Unterstützung der Interessen (Praktika, Auslandsaufenthalt)

Hinweis: In dieser Aufgabe geht es darum, die Inhalte der Texte 1 und 2 miteinander zu vergleichen. Schau dir dazu an, welchen Einfluss die Eltern bzw. die Väter damals auf ihre Kinder hatten und wie sich dieser Einfluss heute verändert hat. Du kannst dies an den Haltungen der Väter ihren Kindern gegenüber festmachen.
Auch hier musst du keine ganzen Sätze schreiben, sondern kannst Stichwörter verwenden. Zwei sinngemäße Gegenüberstellungen sind ausreichend.

Wahlteil A

Hinweis: Überlege dir für jede einzelne Teilaufgabe im Vorfeld, wie du sie inhaltlich beantworten willst, bevor du deine Gedanken aufschreibst. Am besten machst du dir zunächst Notizen zu deinen Ideen und schreibst erst dann den ganzen Text.
Die **Struktur** deines Textes ergibt sich aus der Aufgabenstellung, die du Schritt für Schritt bearbeiten solltest. Bedenke, dass es ein zusammenhängender Text werden soll, der sich aber durchaus entsprechend der Aufgabenstellung in Absätze gliedert.
Zur **Aufgabenstellung a** erläuterst du den Grund, warum du überhaupt diesen Text schreibst. Du machst darüber hinaus Angaben zu dem von dir ausgewählten Gedicht – nenne Titel, Autor und Erscheinungsjahr.
Bei der Bearbeitung der **Teilaufgabe b** gehst du inhaltlich auf das Gedicht ein und beschreibst, was Hesse mit den „Stufen" meint. Anschließend stellst du einen Bezug vom Begriff „Stufen" zu eurer aktuellen Situation als Schulabgänger her.
Im Rahmen der **Aufgabe c** schließt du an deine letzten Ausführungen an und nennst vier konkrete Beispiele für typische Lebensstufen, die man durchlebt. Hier solltest du die mögliche weitere Lebensplanung von Jugendlichen berücksichtigen und in deine Ausführungen einbeziehen.
Bei der Bearbeitung von **Teilaufgabe d** kommst du erneut auf das Gedicht zurück. Darin heißt es, dass auch Hürden überwunden werden müssen, um die jeweils nächste Stufe zu erreichen. Du sollst drei Texthinweise finden, die dies deutlich machen, und diese mit Beispielen aus deiner Erfahrungswelt konkretisieren.
In der letzten Aufgabenstellung, **Aufgabe e**, geht es darum, eine Textstelle aus Hesses Gedicht zu zitieren, in der er seine positive Haltung („heiter", „ohne Trauern") im Hinblick auf den Gang des Lebens und das Durchschreiten von Lebensstufen begründet. Erkläre abschließend, wieso die gewählte Textstelle auch ein passendes Motto für euch als Schulabgänger sein kann.

Ich wurde gebeten, nach einem geeigneten Gedicht für die Gestaltung der Zeugnismappen, die Sie als Förderverein den Schülerinnen und Schülern des Abschlussjahrgangs jedes Jahr zur Verfügung stellen, Ausschau zu halten.

Einleitung
Anlass des Schreibens

Bei meiner Recherche hat mich das Gedicht „Stufen" von Hermann Hesse aus dem Jahr 1941 besonders angesprochen und fasziniert, daher möchte ich vorschlagen, dieses Gedicht für unsere Zeugnismappen zu verwenden.

Gedichtauswahl

Hermann Hesse beschreibt in seinem Gedicht, wie jeder Mensch im Laufe seines Lebens verschiedene Lebensstufen durchläuft. Ein jeder erfährt in seinem Leben unterschiedliche Abschnitte wie zum Beispiel die Geburt, die Kindergarten- und Schulzeit sowie das Erwachsenen- und Berufsleben.

Hauptteil
Gedichtbeschreibung

Das Wort „Stufen", das Hesse in diesem Zusammenhang verwendet, ist eine Metapher, ein Vergleich für die einzel-

Bedeutung des Wortes „Stufen"

nen Lebensphasen eines Menschen. In jedem Lebensabschnitt macht der Mensch neue prägende Erfahrungen, die sein Leben bereichern und ihm möglicherweise helfen, sich in der nächsten Lebensstufe, dem nächsten Lebensabschnitt besser zurechtzufinden.

Diese Vorstellung der „Stufen" passt sehr gut zu unserer eigenen Situation als diesjährige Schulabgänger. Wir lassen einen Lebensabschnitt hinter uns, nämlich die Schule, und erreichen einen neuen, wir nehmen sozusagen die nächste Stufe unseres Lebens. *Bezug zur Situation der Schulabgänger*

Dabei sind es ganz unterschiedliche Lebensstufen, die jeder einzelne von uns nehmen wird, und somit sind es auch ganz unterschiedliche Lebensabschnitte, in die wir uns begeben werden. *Beispiele für typische Stufen:*

Für viele Schulabgänger ist die nächste Stufe sicherlich der Einstieg in die Berufswelt. Eine Ausbildung wird begonnen oder die Berufsschule bereitet auf die kommende Ausbildung vor. Diejenigen, die keine Lehrstelle antreten, wechseln die Schule, um einen höheren Schulabschluss zu erlangen. Mit diesem Abschluss fangen sie dann anschließend eine Ausbildung an oder sie beginnen ein Studium. *1. Ausbildung*

Es folgt nach der Ausbildung oder zum Beginn eines Studiums wahrscheinlich das Verlassen des Elternhauses als nächste wichtige Stufe im Leben. Als junge Erwachsene bezieht man die erste eigene Wohnung – entweder alleine, in einer WG mit Mitbewohnern oder gemeinsam mit der Freundin oder dem Freund. Man nutzt die Möglichkeit, durch eigenes Geld erstmals „auf eigenen Füßen zu stehen". *2. Verlassen des Elternhauses*

Die nächste Stufe, die ebenfalls typisch für viele Lebensläufe ist, könnte sein, sich dauerhaft für eine Partnerin bzw. einen Partner zu entscheiden. Man entschließt sich zu heiraten, sich fest an eine Partnerin oder einen Partner zu binden. *3. Heirat*

Gemeinsam geht man nun den nächsten Schritt und erklimmt eine weitere Stufe – die Familienplanung, zu der es möglicherweise gehört, ein eigenes Haus oder eine Wohnung zu erwerben und Kinder zu bekommen. Parallel oder auch anschließend besteht die Möglichkeit, beruflich vor- *4. Familienplanung und berufliche Veränderungen* wärtszukommen. Es folgt vielleicht eine Weiterbildung oder ein beruflicher Wechsel, die nächste Stufe wird erklommen, um sich zu verändern, sich ggf. finanziell zu verbessern.

Sicherlich ließen sich weitere oder auch andere Stufen finden, die wir in unserem Leben erklimmen werden, aber sie liegen in ferner Zukunft und sind für uns derzeit noch kaum greifbar oder vorstellbar.

Vermutlich aber wird es uns nicht immer leichtfallen, eine „Stufe" hinter uns zu lassen und uns in eine neue Phase zu begeben. Auch in Hesses Gedicht ist das Erreichen von neuen Stufen immer mit einem Überwinden verbunden.

Überwindungen zum Erreichen neuer Stufen:

So müssen wir nach Hesse Abschiede in Kauf nehmen (vgl. V. 6). Wir nehmen beispielsweise Abschied von unseren Klassenkameraden am Ende unserer Schulzeit, Abschied von Freunden, die den Ort verlassen, und auch Abschied von unseren Lehrern, die uns in den letzten Jahren begleitet haben.

– Abschied nehmen

Weiterhin, so schreibt Hesse, kann man keine neue Stufe erreichen, ohne „zu Aufbruch [...] und Reise" (V. 17) bereit zu sein. Wir müssen uns also auf Neues einlassen und dafür möglicherweise unsere Stadt, unser Dorf verlassen, weil wir anderswo einen Ausbildungsplatz haben oder später anderswo studieren. Oder wir wollen auf Reisen die Welt kennenlernen und lassen dazu alle vertrauten Orte, an denen wir uns auskennen und zurechtfinden, zurück.

– Trennung von der Heimat

Schließlich ist auch das Lösen von Gewohnheiten, von „lähmender Gewöhnung" (V. 18), mit Überwindung verbunden. Wie viel bequemer ist es doch, an Altem festzuhalten, Zuhause zu wohnen, sich bekochen zu lassen, sich die Wäsche waschen zu lassen, sich umsorgen zu lassen, als sich in der eigenen Wohnung selbst zu versorgen, sich selbst um Sauberkeit und die eigene Wäsche zu kümmern? Wir trennen uns also auch von Gewohnheiten, die uns lieb geworden sind und die unser Leben oft leicht und angenehm gemacht haben.

– Lösen von Gewohnheiten

Auch wenn dieses Überwinden von Lebensstufen nicht immer angenehm und sogar teilweise schmerzhaft sein mag, so hält es Hesse für notwendig und für eine Lebensaufgabe, dass wir „heiter Raum um Raum durchschreiten" (V. 11) und uns „in Tapferkeit und ohne Trauern / In [...] neue Bindungen" (V. 7/8) begeben.

Diese positive Einstellung wird im Gedicht „Stufen" an vielen Stellen deutlich, so z. B. in V. 9/10, wo es heißt: „Und jedem Anfang wohnt ein Zauber inne, / Der uns beschützt und der uns hilft, zu leben."

Zitat als Motto

Dieses Zitat könnte auch das Motto für uns Schulabgänger und unseren weiteren Lebensweg sein, auf dem wir noch viele unterschiedliche Lebensstufen durchleben werden.

Schluss
Begründung der ausgewählten Textstelle:

Hesse macht sehr deutlich, dass jeder Neubeginn eine Chance sein kann, eine Chance, Altes hinter sich zu lassen und Neues zu erleben.

– Neuanfang als Chance

Der Dichter zeigt uns auf, wie wichtig es ist, nicht an allem festzuhalten, sondern, auch dann, wenn es schmerzhaft ist, loszulassen, um für Neues offen zu sein und um die Erfahrungen, die man in der Vergangenheit gesammelt hat, im neuen Lebensabschnitt nutzen zu können. Das setzt voraus, dass wir auf einer vorhergehenden Lebensstufe auch tatsächlich Erfahrungen gesammelt haben, die wir in die nächste Stufe mitnehmen. Dann ist der Neuanfang positiv und wir erleben den „Zauber" der Erfahrungen, die uns beschützen und uns helfen, zu leben. Wir brauchen dann keine Angst zu haben, uns auf Neues einzulassen, und es fällt uns leichter, Altes, Vertrautes hinter uns zu lassen – Schule, Schulfreundschaften, Lehrer und möglicherweise auch Beziehungen, die uns vielleicht schon lange begleitet haben. Wir können neue Wege ausprobieren und uns in anderen, ungewohnten Lebenssituationen bewähren.

– Loslassen, um Neues zu erleben

Das Hesse-Zitat verdeutlicht auch, dass das Leben für uns nicht mit dem Abschluss einer Lebensstufe endet. Im Gegenteil, es beginnt immer etwas Neues, es wird immer wieder ein neuer Weg aufgezeigt. Wir dürfen nur nicht aufgeben, sondern sollen immer aufs Neue versuchen, den Weg, der sich vor uns auftut, zu begehen, auch wenn es uns schwerfällt. Denn „jedem Anfang wohnt ein Zauber inne, / Der uns beschützt und der uns hilft, zu leben" (V. 9/10)!

– neue Wege gehen, um sich in ungewohnten Lebenssituationen zu bewähren

Wahlteil B

✏ **Hinweis:** Überlege dir für jede einzelne Teilaufgabe im Vorfeld, wie du sie inhaltlich beantworten willst, bevor du deine Gedanken aufschreibst. Am besten machst du dir zunächst Notizen zu deinen Ideen und schreibst erst dann den ganzen Text.
Die **Struktur** deines Textes ergibt sich aus der Aufgabenstellung, die du Schritt für Schritt bearbeiten solltest. Bedenke, dass es ein zusammenhängender Text werden soll, der sich aber durchaus entsprechend der Aufgabenstellung in Absätze gliedert. Beachte dabei die formalen und inhaltlichen **Vorgaben eines Leserbriefes:** die Verwendung einer Anrede und den Abschluss mit Namen und Alter sowie im Aufsatztext selbst die Benennung von Thema und Schreibanlass, die Bezugnahme auf einen zugrundeliegenden Artikel sowie in diesem Fall auf eine Grafik und zum Schluss eine Abrundung oder das Formulieren eines Appells.
In der **Aufgabenstellung a** ist es notwendig, den Grund für den Leserbrief bzw. die Absicht, die du damit verfolgst, kurz darzustellen.
Bei der Bearbeitung der **Teilaufgabe b** beziehst du dich auf den Text 3 B. Im Artikel wird die sogenannte Generation Z beschrieben. Es werden Merkmale dieser Generation genannt, von denen du sechs wesentliche herausarbeiten musst. Achtung: Denke daran, dass du alle Aussagen eines anderen (z. B. des Verfassers) im Konjunktiv wiedergeben musst (z. B.: Der Autor stellt fest, die Jugendlichen seien ...). Um das zu vermeiden, kannst du auch einen Satz voranstellen, der verdeutlicht, dass es sich bei allem, was folgt, um die Äußerungen eines Dritten handelt (z. B.: Der Autor nennt die folgenden Merkmale: Die Jugendlichen sind ...).
In **Aufgabe c** gilt es, das Diagramm kurz vorzustellen. Du findest hier Informationen, die zum Thema deines Leserbriefes passen. Gib die wichtigsten Daten zur Grafik an – die Quelle, das Erscheinungs- bzw. Umfragejahr, die Gruppe der Befragten – und nenne das Thema der Studie. Eine detaillierte inhaltliche Beschreibung ist in dieser Aufgabe noch nicht gefordert.
In der **Teilaufgabe d** sollst du einen Vergleich zwischen dem Fließtext 3 B und den Umfrageergebnissen der Grafik vornehmen. Finde drei Beispiele in der Grafik, welche die Aussagen des Textes 3 B belegen.
Die **Aufgabe e** dient dazu, dass du selbst Stellung zum Thema beziehst. Du kannst dich an der Fragestellung „Wie sieht meine Zukunftsplanung aus?" orientieren. Nenne zwei Beispiele für deine Zukunftsplanung, die von der Darstellung im Text und in der Grafik abweichen, und zwei Beispiele, in denen deine Zukunftsplanung damit übereinstimmt.
Im **Schluss** ziehst du ein persönliches Fazit und erläuterst, ob und inwiefern du dich in der Darstellung der Generation Z im Text 3 B wiederfindest. Führe Gründe für deine Entscheidung und evtl. Beispiele an.

Sehr geehrte Damen und Herren,	**Anrede**
für den Abschlussjahrgang wird von der Berufsberatung jedes Jahr das Magazin „Job & Future" an meiner Schule verteilt. Im aktuellen Magazin entdeckte ich den Artikel „Wer Visionen hat, sollte zum Arzt gehen – Generation Z", der ein Bild meiner Generation zeichnet – so wurde es jedenfalls beschrieben. Ich möchte mich als jugendlicher Leser,	**Einleitung** *Bezug zum Artikel in der Zeitschrift „Job & Future"*

der selbst zu dieser „Generation Z" gezählt wird, kritisch mit der Einschätzung des Autors, Tobias Fülbeck, auseinandersetzen.

Der Journalist Tobias Fülbeck beschreibt eine Vielzahl von Merkmalen, die angeblich die Generation Z ausmachen. Laut Fülbeck sind dies die Folgenden:
Diese Generation legt sehr viel Wert auf Freizeit und die persönliche Freizeitgestaltung. Im Vordergrund steht für sie der Wunsch, eine Familie zu gründen und dann möglichst viel Zeit mit dieser zu verbringen.

Die jungen Erwachsenen der Generation Z sind zwar verlässliche Arbeitnehmer, aber nur dann, wenn ihnen die Bedingungen passen. Ansonsten sind sie ihrem Arbeitgeber gegenüber illoyal und kehren ihm den Rücken, wenn sie anderswo einen Vorteil für sich sehen. Es geht ihnen vor allem um sich selbst, ihr Einkommen und ihre Lebensqualität. Ihrem Chef unterstellen sie schnell böse Absichten, wenn etwas Unvorhergesehenes von ihnen verlangt wird.

Die Konsequenz ist, dass sie sich vom Arbeitgeber nicht alles bieten lassen und diesem auch mal ihre Meinung sagen. Grundsätzlich aber scheuen sie Konfrontationen und Kritik in ihrem Leben und wenden sich einfach ab, wenn es Probleme gibt. Konflikten gehen sie aus dem Weg, um Unangenehmes und Unbequemlichkeiten zu vermeiden.

Dazu passt, dass die jungen Menschen der Generation Z auf sich selbst und ihre eigenen Ziele fixiert sind. Das zeigt sich beispielsweise oft in den sozialen Netzwerken, wo es vielen nur um Selbstdarstellung geht. Deshalb fehlt es in dieser Generation häufig an Teamfähigkeit und der Bereitschaft, sich auf den anderen einzulassen.

Durch die intensive Nutzung aller zugänglichen Medien, die für die Generation Z selbstverständlich ist, entsteht eine Informationsflut, die sie allerdings an die Grenzen ihrer Aufnahmefähigkeit bringt und dazu führt, dass die jungen Leute unter ständigem Zeitmangel leiden. Auch die beeinträchtigte Konzentrationsfähigkeit ist sicherlich eine Folge

Hauptteil
Merkmale der „Generation Z":

– *Wunsch nach Freizeit und Familie*

– *verlässliche Arbeitnehmer, aber illoyal, auf eigenen Vorteil bedacht*

– *gehen Konflikten aus dem Weg, meiden Unangenehmes*

– *fehlende Teamfähigkeit*

– *Informationsüberflutung*

der permanenten Mediennutzung, wie z. B. der des Smartphones.
Christian Scholz, Professor für Betriebswirtschaftslehre, ergänzt Fülbecks Ausführungen mit seiner Einschätzung, dass es der Generation Z an Visionen fehle. Dass diese Generation besonders realistisch sei, zeige sich insbesondere bei der Berufswahl, wo sie den Sicherheitsaspekt in den Vordergrund stelle. Deshalb, so erklärt er, sei der öffentliche Dienst mit planbarem Lebensarbeitszeitverlauf für sie attraktiver als die Arbeit in kleinen oder mittleren Betrieben.

– fehlende Visionen, starker Realitätssinn, Wunsch nach Sicherheit

Passend dazu beschäftigt sich die Shell-Jugendstudie von der TNS Infratest Sozialforschung aus dem Jahr 2015 mit der Werteorientierung der Jugend. Jugendlichen und jungen Erwachsenen zwischen 12 und 25 Jahren wurde hier die Frage gestellt: „Wenn du einmal daran denkst, was du in deinem Leben eigentlich anstrebst: Wie wichtig sind die folgenden Dinge für dich persönlich?" Die Ergebnisse dieser Studie belegen in Teilen die oben beschriebenen Aussagen aus dem Artikel von Tobias Fülbeck.

Vorstellung der Shell-Jugendstudie

Ergebnisse der Studie im Vergleich zum Text:

So geben immerhin 80 % bzw. fast 80 % der befragten Jugendlichen und jungen Erwachsenen an, dass sie das Leben in vollen Zügen genießen möchten und nach Sicherheit in ihrem Leben streben. Ebenfalls 80 % der jungen Erwachsenen finden es wichtig, viele Kontakte zu anderen Menschen zu haben und sogar 90 % der Befragten machen deutlich, dass ihnen ein gutes Familienleben wichtig ist.

– das Leben genießen

– Streben nach Sicherheit

– Kontakte zu anderen

– Familie wichtig

In diesen Ergebnissen der Jugendstudie und den Ausführungen von Tobias Fülbeck finde ich mich selbst und meine Zukunftsvorstellungen zumindest zum Teil wieder.

eigene Einschätzung

Für mein Leben empfinde ich es auch als sehr wichtig, viel Freizeit zu haben und diese frei planen und gestalten zu können. Hierbei steht im Vordergrund, selbst zu entscheiden, was ich wann mache und was ich nicht mache. Ich möchte mir später in meine Freizeitgestaltung auch nicht reinreden lassen und schon gar nicht möchte ich sie mir von irgendjemandem beschneiden lassen oder vorgeschrieben bekommen, was ich zu tun oder nicht zu tun habe. In

Übereinstimmungen:
– eigene Freizeitgestaltung wichtig

diesem Bereich möchte ich mein Leben in vollen Zügen genießen, auch wenn das durch eine Berufstätigkeit natürlich nur eingeschränkt möglich ist.

Ähnlich verhält es sich mit der Familienplanung. Es ist auch eines meiner Ziele, eine Familie zu gründen und mit meinen Kindern und meiner Frau viel Zeit zu verbringen. Wie 90 % der befragten Jugendlichen möchte auch ich ein gutes Familienleben haben, was sicherlich damit zu tun hat, dass ich nach einer gewissen Sicherheit strebe. Damit decken sich meine Vorstellungen von meiner Zukunft in diesen Punkten durchaus mit denen, die im Artikel der Zeitschrift „Job & Future" und in den Ergebnissen der Shell Jugendstudie aus dem Jahr 2015 zum Ausdruck kommen.

– Familienplanung wichtig

Womit ich allerdings überhaupt nicht übereinstimme, ist die Feststellung, dass meine Generation illoyal dem Arbeitgeber gegenüber sein soll. Ich sehe keinen Widerspruch darin, Wert auf Sicherheit zu legen und gleichzeitig seine Arbeit gewissenhaft und verlässlich auszuführen. Natürlich werde ich mich an Absprachen mit meinem Arbeitgeber halten; allerdings ist mein Chef ebenso gefragt, solche Absprachen umzusetzen, denn ich kann doch auch das erwarten, was vereinbart wurde.

Unterschiede:
– nicht illoyal

Außerdem denke ich, dass man auch nicht behaupten kann, dass unsere Generation beim ersten Wehwehchen direkt davonrennt und Kritik nur in winzigen Häppchen verträgt, weil wir angeblich in Watte gepackt worden sind. Die von Tobias Fülbeck als Generation Z bezeichneten Jahrgänge haben ebenso viel lernen und sich anstrengen müssen wie andere, um Erfolg zu haben. In der Schule hatten wir es nicht leichter, als die Generationen davor.

– nicht „in Watte gepackt", nicht leichter als für vorherige Generationen

Bei der Auseinandersetzung mit dem Thema ist deutlich geworden, dass die Aussagen des Artikels „Wer Visionen hat, sollte zum Arzt gehen – Generation Z" von Tobias Fülbeck sicherlich teilweise der Realität entsprechen, z. B. die Tatsache, dass viele Jugendliche und junge Erwachsene ihre Freizeit und auch ihr Leben in vollen Zügen genießen wollen. Auch der Wunsch nach Sicherheit und Familie ist in

Schluss
nicht alle Aussagen entsprechen der Realität

unserer Generation häufig vorhanden und wird von vielen
jungen Erwachsenen gehegt.

Auf der anderen Seite ist der Artikel doch auch sehr provo- *Artikel ist provokant*
kant. Er stellt eine ganze Generation als wenig verlässlich,
spaßorientiert und nicht unbedingt besonders fleißig und
belastbar dar. Das ist allerdings nicht der Fall.

Man muss schon etwas genauer hinsehen und darf nicht *genauere Betrachtung*
alle Jugendlichen und jungen Erwachsenen „in einen Topf *notwendig, keine*
werfen". Sicherheit zum Beispiel bedeutet auch Verant- *Pauschalurteile*
wortung, und wenn festgestellt wurde, dass die sogenann-
te Generation Z sicherheitsliebend ist, dann ist doch die
Schlussfolgerung, dass diese Generation auch Verantwortungsbewusstsein hat.

Nick, 16 Jahre *Name, Ort*